TÉMOIGNAGES ET DOCUMENTS

Collection dirigée
par
Alain Dumait

SÉCURITÉ SOCIALE :

LE VRAI MAL FRANÇAIS

DU MÊME AUTEUR

La révolution des termites, préface de Raymond Barre. Éditions Albatros.

Les sauvages. Éditions Albatros.

CLAUDE REICHMAN

SÉCURITÉ SOCIALE : LE VRAI MAL FRANÇAIS

PARIS

LES BELLES LETTRES

1995

ISBN : 2-251-48001-3

A Sophie

INTRODUCTION

Il faut enfin oser dire le mal que la Sécurité sociale a fait à la France.

Certes on voit assez souvent paraître des articles ou des livres qui dénoncent les abus et les scandales de cette institution maléfique. Mais sans jamais la remettre en cause. Si bien qu'ils ne font que la conforter — ce qui est en fait leur but véritable — en laissant entendre que mieux gérée, dans un esprit d'honnêteté et de responsabilité, elle répondrait enfin aux impératifs de moralité qui doivent s'appliquer à tout organisme vivant sur fonds publics.

N'ayant pas envie d'écrire tout au long de cet ouvrage l'appellation « Sécurité sociale » en entier, ce qui prend du temps et en fait perdre, je vous propose de l'abréger comme tout le monde en « Sécu ». Bien entendu, j'ai horreur de ce diminutif. Sécu, c'est comme prolo. Ça fait peuple, front popu, défilé à casquette, prof, instit. Bref ça fait tout ce qui pourrait être noble et qu'on ramène au ras du sol, là où l'esprit ne souffle pas. Prenez les enseignants. Ils demandent une revalorisation de leurs traitements. Ils défilent dans la rue. Sur quel thème ? « La revalo ». Minable !

Donc Sécu.

Qui a bien pu avoir cette idée insensée ? Santé gratuite, vieillesse heureuse, famille à l'aise, les objectifs que les inventeurs de la Sécu se promettaient d'atteindre ont de quoi plaire à tout un chacun. Ce qu'ils se sont bien gardés de dire, c'est le prix qu'il faudrait payer pour ces « conquêtes sociales ». Faisons à certains d'entre eux le crédit de la sincérité. Ça n'excuse rien, mais c'est moins moche. Quant aux autres, ils n'étaient

— et ne sont toujours — que de fieffés marxistes, rêvant de ployer la société sous le joug de leur idéologie.

Les uns et les autres étaient victimes du même mal que les fanatiques de la photographie : celui qui consiste à croire qu'on peut figer la vie. Santé gratuite ? Ils n'imaginaient pas que la médecine ferait des progrès fabuleux, prolongerait la vie, coûterait de plus en plus cher. Vieillesse heureuse ? Se doutaient-ils que l'espérance de vie augmenterait au point que certains biologistes envisagent sérieusement des durées de vie moyenne de cent quarante ans — on en est encore loin — et qu'on serait à la charge de la société pendant autant ou plus de temps qu'on en aurait passé à travailler ? Familles à l'aise ? Ils croyaient sans doute que l'envie d'avoir des enfants dépend d'une allocation, alors que personne n'a jamais encore réussi à percer le mystère des essors et des reculs démographiques et que c'est l'amour, l'espoir, la confiance en l'ordre économique qui donnent naissance aux couples et aux familles.

Ces « réformateurs sociaux » ne voyaient pas plus loin que le bout de leur nez ou bien ils fomentaient de sales projets pour nous. Ils ont hélas réussi au delà de leurs espérances. Leur Sécu a progressivement jeté une chape de plomb sur la société française, qui ne s'en sortira qu'au prix d'une révolution. Une de plus dans ce beau pays de France qui serait si agréable à vivre si ses habitants consentaient à se réveiller avant qu'il ne soit trop tard et qu'il ne faille payer de terribles soubresauts sociaux, de drames humains innombrables, de vies brisées, d'années noires, l'inconséquence d'un peuple gaulois qui se plaît à recevoir, toutes les quelques décennies, le ciel sur la tête.

Devenez technocrate

Embarquons-nous donc ensemble pour un périple dans le monde nauséeux de la Sécu. Rassurez-vous : j'essaierai de vous en faire rire plutôt que pleurer. Mais prenez quand même un coup de gnôle avant le départ, pour vous donner du cœur au ventre. N'ayez crainte. En dépit de ce que racontent les professeurs de santé publique auteurs de la loi Évin, qui n'ont sans doute jamais entendu parler des mirobolants effets de la prohibition, un peu d'alcool de temps en temps ne vaut pas qu'on soit mis au banc d'infamie sociale. Sauf bien sûr si l'on doit prendre le volant. Mais là, c'est moi qui conduis.

Une petite formalité préalable toutefois. Il me faut vous transformer en technocrate. Je vais en effet avoir à citer quelques chiffres, ici ou là. Ils ne vous ennuieront pas plus que quand vous faites le compte de vos dépenses et que vous les comparez à ce que vous gagnez. Alors pourquoi se faire technocrate ? Mais parce qu'un technocrate ne fait rien d'autre, à ceci près que ses chiffres sont ceux de la comptabilité nationale. Soyez sans crainte, ça ne nous prendra pas des années. « Un technocrate, disait Coluche, c'est un mec, vous lui filez le Sahara, cinq ans après il importe du sable. » Sans récuser cette définition, j'en propose une autre : un technocrate, c'est un type qui connaît dix chiffres. Exactement comme vous connaissez votre salaire, votre loyer, vos traites de voiture, le prix de l'essence et celui de votre location d'été à Pontaillac. Il ne vous viendrait pas à l'idée, muni de ces chiffres, de revendiquer la conduite de l'État. C'est pourtant ce que sans vergogne les technocrates font. En dépit des résultats calamiteux de leur gestion, ils ne se font pas virer à grands coups de pied au cul, pour une seule raison : ils vous impressionnent avec leurs dix chiffres et vous vous dites que, malgré leurs défauts, vous avez de la chance de les avoir. Dès que votre formation de technocrate sera achevée, c'est-à-dire dans quelques instants, vous changerez d'avis et aurez l'irrépressible envie de prendre en main votre destin.

Le produit intérieur brut marchand (PIB), c'est ce que nous produisons ensemble chaque année. Il est inférieur au produit intérieur brut total qui inclut le coût des administrations, dont personne de sensé ne peut considérer qu'elles produisent quelque chose.

C'est pourquoi il vaut mieux se référer au PIB marchand si l'on veut avoir une exacte idée de la réalité économique. Il se monte chez nous à 5 882 milliards de francs (GF). Voyons à présent ce qu'il en advient. Commençons par les prélèvements obligatoires. Au titre de ce qu'on appelle le budget social de la nation (qui comprend la sécurité sociale, les mutuelles, les caisses complémentaires, le chômage, l'aide au logement, la formation hors éducation nationale, les comités d'entreprise) on nous prend 2 439 GF. Pour alimenter le budget de l'État, on nous prélève 1 410 GF. Les impôts locaux nous coûtent 352 GF. Additionnons ces trois chiffres. 2 439 + 1 410 + 352 = 4 201 GF. C'est le montant des prélèvements obligatoires [1]. Ajoutons-y le coût des autres assurances qui, sans être toutes obligatoires au sens fiscal ou social du terme, sont souscrites chaque année : 820 GF [2]. Cela nous donne un total de 5 021 GF. Rapportons-le au PIB marchand (5 882 GF). Prélèvements obligatoires plus assurances représentent 85,36 % du PIB marchand. Autrement dit, les Français ne disposent librement que de 14,64 % de ce qu'ils produisent. Ça ne vous rappelle rien ? Mais si, l'économie soviétique, avec ses kolkhozes et ses lopins individuels. La France n'est plus qu'un gigantesque kolkhoze, et vous avez à peu près autant de liberté économique que les malheureux habitants de feu l'Union soviétique.

Sans ajouter le moindre chiffre à ceux que je viens de citer, faisons un autre calcul. Additionnons ce qui, dans le budget social de la nation, est à considérer comme relevant des assurances sociales, soit 2 200 GF, et les assurances non sociales, soit 820 GF. Le total fait 3 020 GF, c'est-à-dire 51,34 % du PIB marchand. Les Français consacrent plus de la moitié de ce qu'ils gagnent à s'assurer ! Une nation de corsaires et de laboureurs durs à la peine est devenue un peuple d'assurés ! Et on voudrait qu'une telle nation soit victorieuse dans la compétition économique internationale !

---

1. Chiffres de 1993. Sources INSEE, Ministère de l'Économie et des Finances, *Le Caducée* (Les chiffres clés du médico-social).
2. *Le Monde*, 29 juin 1994.

« Suis-je assis maintenant ? »

Alors, heureux ? Vous voilà technocrate. Mais en même temps que votre nouveau titre vous avez reçu une bonne dose de soucis. Vous ne vous doutiez pas de la situation qui est la nôtre. Et naturellement vous vous demandez comment en sortir. Car vous ne pouvez avoir eu qu'un réflexe d'horreur en réalisant tout d'un coup ce qu'on a fait de vous et de votre pays. Si vous étiez un technocrate chevronné, ce n'est pas ainsi que vous réagiriez. Vous diriez plutôt : voyons, il reste encore près de 15 % du PIB qui ne sont pas prélevés, ça nous laisse de la marge. Quelle nouvelle allocation pourrions-nous créer qui rendrait le peuple heureux et augmenterait notre pouvoir ? Vous croyez que j'exagère ? Vous n'avez donc jamais entendu parler du problème de la dépendance, vous savez celui qui concerne les personnes du troisième ou du quatrième âge, de plus en plus nombreuses dans notre pays, et dont il est hors de question que leurs familles s'occupent. Eh bien, c'est sur la façon de les prendre en charge que planchent nos hommes politiques de tous bords et leurs conseillers. Et le salaire maternel ? Vous n'allez pas me dire qu'une femme pourrait accepter d'élever ses enfants sans être appointée par l'État ! Toute peine mérite salaire, n'est-ce pas ? Alors en avant pour le salaire maternel. C'est déjà plus qu'un sujet de colloque ou d'article. C'est devenu un objectif. Demain, ce sera un projet. Après-demain, une allocation, donc un impôt. Et vogue la galère !

Vous, vous êtes un nouveau technocrate, frais émoulu de ma formation accélérée. Vous avez conservé vos sains réflexes de naguère. Vous vous dites : mais qu'avons-nous fait de notre pays ? Il faut absolument réagir, changer tout cela.

Et soudain, vous voilà pris d'un doute. On sait ce qu'on a. Si l'on change de système, qu'aura-t-on ? Les Français n'ont pas l'air si mécontents ni malheureux que cela. Ont-ils envie d'autre chose ? Ça y est, vous voilà sur la pente du renoncement. Et les raisons de ne rien faire s'accumulent. D'abord il y a votre vie, plutôt paisible, votre budget, plutôt serré, que le moindre changement économique risque de déséquilibrer, votre famille, que vous adorez et que pour rien au monde vous ne voulez soumettre au moindre risque, votre journal télévisé, où vous voyez tant d'horreurs de par le monde que vous vous sentez heureux d'être Français, et puis vos hommes politiques, que vous brocardez mais que vous admirez et même que vous aimez, pour pas mal d'entre eux, et qui, en dépit de leurs immenses qualités intellectuelles, ne parviennent pas à dessiner au pays un autre avenir qu'une suite sans fin de prélèvements et d'allocations. Bref vous vous sentez soudain tout petit et vous vous souvenez de Pagnol, de la recommandation de César à Marius : « Ne te penche pas trop, laisse un peu se pencher les autres ! »

Il faut décidément que je vous reprenne en main. Un technocrate n'est pas fait pour rester technocrate. Il doit chercher à devenir un homme politique, pour pouvoir commander à ses anciens copains restés technocrates. Vous n'allez tout de même pas, parti comme une fusée sur la voie de l'ascension sociale, vous arrêter au milieu du chemin. J'en connais des comme vous, qui ont préféré le petit confort de leur bureau parisien, au ministère, qui n'ont pas voulu aller parcourir les chemins vicinaux de l'Aveyron ou les cités de Sarcelles pour se faire élire député et qui ne passeront jamais à la télé.

Ah, la télé. Je sens bien que je vous tente. Celui qui passe à la télé n'appartient plus à l'ordinaire engeance. Il acquiert un être cathodique, comme disent les sociologues modernes et les éditorialistes. Son pouvoir sur ceux qui le contemplent à l'écran est tel que, rencontrant dans la rue un de ses spectateurs, il peut lui arriver de s'entendre demander : « C'est bien moi qui vous ai vu à la télé ? » Rien ne peut se comparer au pouvoir de la télé. Toute la richesse et les plaisirs de l'empire romain n'avaient pas le centième de son pouvoir corrupteur. « La langueur, nous dit Sénèque, a tellement dissolu ces esprits amollis qu'ils ne sont même plus capables de savoir par eux-mêmes s'ils ont faim. J'ai entendu dire qu'un de ces délicats (si l'on peut appeler délicatesse l'oubli de la vie et des sains instincts humains), alors qu'on le transportait hors de son bain jusqu'à sa chaise, interrogeait ses gens : "Suis-je assis maintenant ?". » Du moins savait-il, ce riche Romain, que c'était lui qu'on transportait.

Non ? Vraiment ? Même la télé, vous êtes prêt à y renoncer pourvu qu'on ne vous oblige pas à vous attaquer à la Sécu ? C'est vrai que c'est un sacré morceau à digérer. Mais de là à effrayer l'excellent technocrate que vous êtes devenu !

Je crois deviner. Ma démonstration a été un peu trop lapidaire. J'ai cru que vous aviez compris ce que j'ai mis quelques années à comprendre. Aucune explication ne vaut l'expérience vécue. Je ne vous en veux donc pas de renâcler face à l'obstacle. Au terme de notre promenade commune dans les arcanes de la Sécu, vous le sauterez allègrement.

CHAPITRE I

La France des petits vieux

C'est l'article le plus honteux qu'ait publié un journal français depuis la période de l'occupation. Il a paru dans une honorable publication médicale, *Impact Médecin Quotidien*, le 20 janvier 1993. Je me dois de le citer in extenso afin de vous faire prendre conscience du degré d'affaissement des mentalités dans notre pays.

« RENNES. LA LEÇON DE SÉCU FAITE AU MINISTRE

« Un directeur de Cpam à la guitare, un ministre au tableau noir, des élèves attentifs. Pas d'âge pour glorifier la Sécurité sociale.

« De notre correspondant
Jean-Luc POUSSIER

« Faut-il s'inquiéter ou se féliciter que les enfants des écoles viennent au secours de la Sécurité sociale ? A Moncontour, paisible bourgade du cœur de la Bretagne, René Teulade est venu assister au cours d'instruction civique des enfants.

« "Grâce à la Sécu, il fait bon vivre" ont chanté les enfants d'une école rennaise, tandis que leurs copains de Plescop, dans le Morbihan, ont eux aussi poussé la chansonnette à la gloire de la Sécu, accompagnés à la guitare par le directeur adjoint de la Cpam (Caisse primaire d'assurance maladie) du Morbihan, où l'on sait, à l'évidence, exploiter les compétences...

« Le ministre ne pouvait que faire chorus : "La Sécurité sociale n'est pas en crise. Personne ne songe à la remettre en cause, ni à toucher aux retraites, et si elle a quelques difficultés financières, elle s'en sortira car elle en a vu d'autres et c'est un facteur de cohésion."

« Bref, pas de fausses notes pour cette matinée où les enfants, pour une fois, ont joué les acteurs devant les grandes personnes. Au jeu de rôles illustrant le fonctionnement de la Sécu a succédé la présentation au ministre, par les enfants, des panneaux de l'exposition.

Une expo sur la Sécu

« Comment est née l'initiative ? A la suite d'une circulaire de l'inspection académique, Jacqueline Prisé, la directrice de l'école publique de Moncontour (50 élèves) décide d'intégrer le thème de la Sécurité sociale dans son cours d'éducation civique. « Cela me semblait intéressant et je pensais pouvoir disposer des documents. » Avec ses élèves et le Centre de documentation pédagogique (Crdp), elle prépare une exposition sur le thème « La Sécu des origines à nos jours ». Une école rennaise tourne un petit film pour illustrer la solidarité... Un an de travaux qui attirent l'attention du service des relations extérieures de la Cpam des Côtes-d'Armor, puis de la Drass et du cabinet du ministre.

« En venant à Moncontour, René Teulade pouvait alimenter sa réflexion sur le régime des retraites. "Moncontour, a expliqué son maire, le Dr Jean-Jacques Bizien, médecin généraliste, compte 350 pensionnaires d'un établissement hospitalier accueillant des personnes âgées handicapées, pour une population de 909 habitants, en majorité des retraités..." Heureusement qu'il y a les enfants qui auront tout le loisir, une fois arrivés à l'âge adulte, de savoir concrètement ce que signifie solidarité.

« Cette "défense et illustration" de la Sécurité sociale doit être reconduite dans d'autres régions de France. »

Pétainisme pas mort

Qui osera dire, après cette lecture, que le pétainisme n'est pas profondément ancré dans la mentalité française ? Car cet article n'a pas suscité la moindre protestation des lecteurs d'*Impact Médecin Quotidien*, pour l'essentiel des médecins libéraux, et on peut se demander si, publié dans la grande presse, il en aurait provoqué davantage.

Tout y est. Un pays vieillissant, des enfants embrigadés, des pouvoirs publics intéressés et complices, une presse complaisante. Ce tableau est bien celui que nous avons sous les yeux, et ses traits s'accuseront encore au fil des ans. La France des petits vieux a de beaux jours devant elle.

Des assertions qui précèdent, l'une doit vous paraître surprenante : celle qui a trait à l'embrigadement des enfants. Embrigadés, les enfants, quand les familles ont renoncé à leur inculquer le moindre principe moral ou de politesse et qu'elles confient leur éducation à la crèche, à l'école et surtout à la télévision ? Mais oui, embrigadés dans la cohorte des futurs assurés sociaux. Car le système repose tout entier sur la répartition. Les jeunes paient les retraites des vieux, puis, devenus vieux à leur tour, ils seront pris en charge par de nouveaux jeunes. Pour la maladie, c'est à peu près la même chose : les jeunes bien portants paient pour les vieux malades.

Il ne faut pas plus de quelques secondes de réflexion pour comprendre que ce système n'est pas viable, en tout cas pas longtemps. Il suppose en effet, pour que l'équité soit respectée, qu'un nombre toujours égal de jeunes cotise pour les vieux et que ceux-ci ne vivent pas plus longtemps que leurs devanciers.

Prenons le cas des retraites. Ceux qui en bénéficient aujourd'hui étaient, pendant leur période d'activité, quatre à cotiser pour un retraité. Actuellement, il y a deux cotisants pour un retraité. Dans moins d'un demi-siècle, il y aura un retraité par actif, et celui-ci devra consacrer 40 % de son revenu à la cotisation vieillesse. Ces chiffres sont connus de tout le monde et figurent dans toutes les études et autres livres blancs, noirs ou gris qu'on a publiés sur le sujet. Et il y encore des gens pour vanter les mérites de la répartition !

Il en est de même pour la maladie. Comme l'espérance de vie augmente d'un trimestre par an et que c'est en vieillissant qu'on a le plus de risques d'être malade, les jeunes bien portants voient sans cesse leurs cotisations maladie grimper au profit de malades qui, quand ils étaient bien portants, avaient à supporter les frais médicaux d'assurés qui poussaient le bon goût jusqu'à disparaître assez jeunes.

De ce qui précède on peut inférer que, parodiant les conquérants de l'Ouest américain, pour qui il n'y avait de bon indien que mort, la Sécu devrait afficher au fronton de ses édifices la fière et noble devise : il n'est de bon assuré social que mort.

Vous me trouvez cynique ? Vous avez raison. C'est le seul moyen que j'aie trouvé pour m'empêcher d'être violent.

Vous comprenez à présent pourquoi il est vital, pour les tenants du système, d'embrigader les enfants dans le collectivisme (crèche collective, école collective, télévision collective) afin d'effacer en eux toute trace de liberté individuelle qui les pousserait, le moment venu, à récuser leur statut de cotisants aux régimes sociaux.

Filouterie

La folie du système par répartition a fini par apparaître même à ses plus farouches partisans. Mais les solutions qu'ils en viennent à proposer sont encore plus délirantes. C'est ainsi qu'un certain Michel Huc, secrétaire général du syndicat Force ouvrière de la métallurgie, propose de faire payer la retraite... aux retraités, en commençant par ceux qui ont « une retraite mensuelle égale ou supérieure à deux fois le Smic, soit environ 10 000 F ». « Serait-il scandaleux, poursuit notre grand penseur social, de proposer que ces retraités cotisent pour l'avenir de leurs petits-enfants, ainsi que d'ailleurs pour l'assurance maladic ? » Et de conclure, triomphalement : « Il s'agirait d'une transmission du patrimoine avec un peu d'avance [1]. » En poussant le raisonnement jusqu'à sa conséquence ultime et logique, on en viendrait à préconiser que les retraités reversent la totalité de ce qu'ils perçoivent de leurs caisses vieillesse à ces dernières afin de permettre au système de fonctionner !

On vient de juger et de condamner un escroc du nom de Milesi qui offrait à ses victimes des placements très alléchants. Naturellement il payait les premiers avec l'argent des suivants, non sans se servir au passage. De génération en génération, cette filouterie universellement connue se répète (les peuples sont oublieux et l'appât du gain efface toute lucidité) et se termine toujours de la même manière. La retraite par répartition n'échappera pas à la règle, à ceci près que ses promoteurs n'iront peut-être pas en prison, tant il est vrai qu'à la différence des délits privés les escroqueries d'État ne connaissent ni responsables ni coupables.

Les Français ne sont d'ailleurs pas si dupes qu'on pourrait le croire. Un sondage réalisé par le Credoc pour la revue *Banque* indique que 92 % des Français sont conscients des problèmes de retraite, 74 % s'attendent à une hausse des cotisations, 70 % à la baisse des prestations, et 63 % à devoir cotiser plus longtemps. Plus révélateur encore : 78 % d'entre eux considèrent que la seule façon d'être sûrs de ce qu'on touchera à la retraite consiste à faire des placements personnels [2] ! A part ça, les Français sont farouchement attachés à la répartition, comme on nous le serine en permanence !

Écoutons ce lecteur du *Figaro* : « Certes la situation de la Sécu est catastrophique, mais de deux choses l'une :

— ou bien il s'agit d'une situation conjoncturelle, et dans ce cas il faut financer ce « trou » par des moyens exceptionnels, par exemple un emprunt que lancerait la Sécu en attendant des jours meilleurs ;

— ou bien il s'agit d'une situation structurelle remettant en cause les principes de cette institution : dans ce

1. *Libération,* 21 mai 1993.
2. *Le Figaro,* 15-16 mai 1993.

cas, il faut avoir le courage de dire que la SS n'est plus gérable en l'état.

« Mais cessons cette politique de facilité consistant à augmenter sans cesse les cotisations, surtout à l'encontre de ceux qui, comme les retraités, n'ont plus grand-chose à espérer, sinon terminer leur vie dans la dignité.

« Une société qui ne respecte plus ses anciens se déconsidère [1]. »

Il est toutefois un argument que les partisans de la répartition avancent également et qui mérite réflexion. Les placements financiers sont susceptibles de fondre comme neige au soleil en cas de forte inflation ou de krach boursier, alors qu'au contraire la répartition échappe à ces risques. Voire. La répartition, qui consiste à prélever l'argent sur les revenus de ceux qui sont en activité, dépend aussi étroitement du degré d'activité économique et de prospérité que la capitalisation. De plus il est absurde de confondre la capitalisation avec les placements financiers. Capitaliser c'est aussi et même surtout créer une entreprise, acheter un appartement ou une maison, financer les études et l'installation de ses enfants, qui se montreront à coup sûr moins ingrats, en cas de malheur, qu'une institution anonyme, même si les liens familiaux ont tendance à se distendre de plus en plus, en raison même de l'intervention de l'État dans tous les aspects de l'existence. Quant aux placements financiers, ils ne sont généralement pas plus risqués, bien au contraire, que les cotisations aux régimes de répartition dont on voit bien aujourd'hui qu'elles sont de plus en plus coûteuses et rapportent de moins en moins.

À bas les jeunes

En vérité, comme dans toute escroquerie, il y a eu des bénéficiaires de la répartition : ceux qui ont eu la

---

1. *Le Figaro,* 6 janvier 1994.

chance de prendre leur retraite pendant les vingt dernières années. Ce qui a fait dire à Denis Kessler (à l'époque directeur d'études à l'École des hautes études en sciences sociales, et aujourd'hui président de la Fédération des sociétés d'assurances), dans un dossier réalisé par l'INSEE en 1990 : « Jamais, dans l'histoire contemporaine, les personnes à la retraite n'avaient joui d'un niveau de vie relatif aussi élevé », ce qui correspond à un véritable « âge d'or des retraites ».

Le retournement de la situation démographique et économique va inévitablement transformer l'âge d'or en cauchemar, sauf si l'on prend les mesures nécessaires (et l'on verra plus loin que, pour le moment, il n'en est rien.)

En attendant, les onze millions de personnes âgées de plus de soixante ans, en France, ont un revenu supérieur de 5 % en moyenne à celui des personnes plus jeunes, alors qu'il était inférieur de 20 % au début des années 70. Elles percevaient en moyenne 97 000 F par an en 1988, soit l'équivalent de 9 000 F par mois en francs 1993, ainsi que l'a établi le rapport n° 108, publié le 15 décembre 1993 par le Centre d'étude des revenus et des coûts (CERC). Encore faut-il préciser que « l'étude du Cerc sous-estime les revenus de placements des inactifs. Elle évalue ceux-ci à près de 12 000 F par an en moyenne, en se fondant sur les déclarations fiscales transmises par la Direction générale des impôts. Des déclarations où n'apparaissent ni les revenus de placements exonérés d'impôts, comme ceux du livret A, ni les revenus de placements soumis au prélèvement fiscal libératoire. "Cela double les revenus d'épargne des retraités", affirme Marie-Gabrielle David, économiste au Cerc [1]. »

Depuis que le Cerc a publié cette enquête, les revenus des placements n'ont pu que profiter de la montée des taux d'intérêt et de la maîtrise de l'inflation, ce qui n'a pas manqué d'améliorer encore la situation des inactifs.

Or que voit-on en face ? Un taux de chômage de

---

1. *La Tribune Desfossés*, 11 février 1994.

12,5 %, qui atteint 25 % chez les jeunes de moins de 25 ans.

Il est donc clair que le système économique et social français fonctionne au bénéfice des personnes âgées et au détriment des jeunes. L'affaire du contrat d'insertion professionnelle (CIP) n'en a été qu'une illustration supplémentaire.

Référendum

Avant d'expliquer pourquoi des dizaines de milliers de jeunes gens sont descendus dans la rue pour protester contre une mesure censée leur permettre d'accéder à un emploi, il est nécessaire de préciser ce que l'on entend par charges sociales. Chacun sait qu'elles sont divisées en charges salariales et patronales. Or il n'est rien de plus absurde ni de plus faux que cette prétendue différence. Les charges dites patronales sont prélevées sur le salaire au même titre que les charges dites salariales. C'est si vrai que les unes ajoutées aux autres constituent ce que les tenants eux-mêmes du système appellent le salaire différé. Plus simplement, si vous êtes salarié, on ne vous verse pas la totalité de ce que vous avez gagné, mais on vous promet de vous le verser plus tard sous une autre forme, soit en vous remboursant vos frais de maladie, soit en vous versant une retraite. Ce que vous gagnez réellement, c'est donc votre salaire net, plus vos charges salariales, plus les charges patronales. On en arrive ainsi à définir deux notions simples : le salaire direct et le salaire différé. Imaginons que je m'aposte aux étranges lucarnes [1], et que je tienne le langage suivant : « Françaises, Français, je viens vous proposer une importante réforme, sur laquelle je vous invite à vous prononcer par référendum. Vous connaissez le système actuel, dans lequel on ne vous verse qu'une partie de votre salaire, affectant le reste à la Sécurité

1. Que je paraisse à la télévision, pour les malheureux qui n'ont pas lu les admirables chroniques de « La Cour », sous la signature d'André Ribaud, dans *Le Canard enchaîné*.

sociale. Ce dispositif présente des avantages. Vous n'avez pas à vous soucier de souscrire une assurance maladie, ni une assurance vieillesse. Toutefois il apparaît, au fil des années, que ce système nous coûte de plus en plus cher en cotisations et qu'il est de moins en moins capable de garantir vos dépenses de santé et vos prestations de retraite. Les raisons de ces difficultés sont bien connues. Le système n'a aucune souplesse, aucune capacité d'adaptation et en outre il donne lieu à des abus de plus en plus nombreux. Nous pouvons certes, au prix de contraintes et de restrictions croissantes, tenter de le faire durer quelques années de plus. Mais chacun peut comprendre que, dans un monde largement ouvert à la concurrence et où la plupart des pays ont des prélèvements sociaux très inférieurs aux nôtres, nous n'avons aucune chance d'être compétitifs en conservant le système actuel. Je vous en propose donc un autre. Si vous l'acceptez, vous recevrez désormais votre salaire brut, c'est-à-dire votre salaire non amputé des charges salariales, plus les sommes correspondant aux charges patronales. Il vous faudra, bien sûr, veiller personnellement à vous assurer pour la maladie et la vieillesse, mais vous pourrez être aidé dans vos décisions par le groupe professionnel auquel vous appartenez, qui ne manquera pas d'éclairer pour vous les divers choix possibles. Ainsi rémunéré, chacun sera responsable de lui-même et saura qu'il ne pénalisera que lui en trichant. De plus, nous serons débarrassés d'un énorme fardeau bureaucratique qui rend le système beaucoup plus coûteux qu'il ne devrait. En votant oui, vous choisirez le salaire direct, tel que je viens de vous le décrire. En votant non, vous maintiendrez le système actuel. »

Je suis en mesure de vous annoncer d'ores et déjà le résultat de la consultation : un oui unanime, à l'exception d'un millier de voix représentant les députés, les sénateurs et les éditorialistes de la presse française, les uns et les autres soucieux d'être aussi près que possible des vœux populaires et persuadés, contre leur propre opinion, comme on le démontrera plus tard, que le peuple est viscéralement attaché à la Sécu.

Une fausse bonne idée

Évidemment, me direz-vous, vous êtes malhonnête : vous présentez le problème comme il se pose vraiment et non pas comme on a l'habitude de le poser. Malhonnête ? Les jeunes gens qui ont refusé le CIP se sont posé le problème exactement comme je viens de le faire, et leur réponse a bien été celle que j'ai, par avance, donnée à mon référendum.

Le CIP (contrat d'insertion professionnelle), c'était quoi au juste ? Une disposition permettant de payer des jeunes pendant six mois à 80 % du Smic, à la condition qu'ils aient un « tuteur » dans l'entreprise, sans que la formation attendue soit clairement définie, et applicable aussi à tous les jeunes diplômés à condition qu'ils soient à la recherche d'un emploi depuis plus de six mois. Une furieuse bataille sémantique s'est déroulée sur le point de savoir s'il convenait de baptiser le CIP « Smic jeunes ». Même si le CIP n'était, aux yeux de ses créateurs, qu'une mesure transitoire destinée à rendre plus facile l'embauche d'un jeune et son insertion dans la vie professionnelle, le fait qu'il fût calculé sur un pourcentage du Smic et réservé aux jeunes accréditait irrésistiblement l'expression de Smic jeunes. Mais, au delà des mots, il y avait une réalité économique et comptable.

À l'époque de cette crise, c'est-à-dire au début de 1994, le Smic était fixé à 5 886 F. Mais si l'on y ajoutait les cotisations patronales, sa valeur était en réalité de 8 652 F. Le titulaire du Smic ne touchait, quant à lui, que 4 709 F , puisqu'il lui était prélevé 1 177 F de cotisations salariales.

Smic ou Smic jeunes, le coût réel du travail d'un salarié payé sur cette base était de 46 % supérieur à son coût nominal. Et la différence entre ces deux valeurs représentait les charges sociales, autrement dit le salaire différé.

Notons au passage que quand le coût du travail, pour un salarié payé au salaire minimum, est de 8 652 F en

France, il est de 7 040 F en Allemagne, de 7 436 F aux États-Unis et 5 902 F en Grande-Bretagne.

Alors les jeunes, dans leur grande sagesse, se sont dit les choses suivantes. Avec environ 4 000 F par mois, on ne peut pas s'en sortir. Si je dois quitter le domicile de mes parents, louer un studio, car je risque d'être obligé d'aller dans une autre ville, j'aurai à peine de quoi manger. Et au bout de six mois, j'aurai bien sûr le Smic entier, c'est-à-dire pas grand-chose, mais mon salaire ne progressera plus guère, puisque le patron pourra toujours embaucher de nouveaux jeunes payés à 80 % du Smic et qui me feront concurrence. Alors on me dit : attention, ton vrai salaire, c'est ce que tu coûtes à l'employeur, donc 8 652 F. Et on me dit aussi que la différence c'est ce qui permettra de payer mes soins si je suis malade et de me verser une retraite dans quarante ans. Eh bien moi je lui dis, au gouvernement, que je suis jeune et bien portant et que je n'ai aucune raison de tomber malade. Quant à ma retraite, je sais bien que, dans quarante ans, il n'y aura personne pour me la payer. Alors son Smic jeunes, qu'il se le garde. Et allons-y gaiement : « Balladur, t'es foutu, la jeunesse est dans la rue. »

En résumé, les jeunes ont tout simplement voté contre la Sécu et contre la dictature des petits vieux. Mais le gouvernement n'avait pas eu seulement une fausse bonne idée, avec ce CIP. Il s'était conformé à la tyrannie du statu quo et à ce qu'il croyait être son intérêt électoral bien compris. Car les plus de soixante ans représentent, en France, dix millions d'électeurs — tous inscrits sur les listes électorales et qui votent.

Le calcul gouvernemental était toutefois mauvais. D'abord parce que les risques de déstabilisation économique et sociale provoqués par le chômage massif des jeunes sont beaucoup plus forts que les avantages supposés du maintien de la protection sociale à ses principaux bénéficiaires. D'autre part parce que même si, collectivement, les plus de soixante ans ont des intérêts contraires à ceux des jeunes, individuellement et familialement, ils ne peuvent qu'être atterrés par l'absence de perspectives offertes à leurs enfants et petits-enfants et s'efforcent de leur venir en aide. « Selon une étude du Cerc (1992), environ un tiers des personnes âgées déclaraient avoir donné (52 900 F en moyenne) ou prêté de l'argent (40 500 F en moyenne) à leurs enfants dans les cinq années précédentes. Un chiffre que le Cerc juge lui-même sous-estimé, car il s'appuie sur les seules déclarations des donateurs, qui, parfois, par simple pudeur, ne disent pas tout [1]. »

Cette situation est profondément malsaine. On ne peut condamner toute une jeunesse à n'avoir pas d'avenir. On ne peut sacrifier des générations entières. C'est pourtant le beau prodige qu'a réalisé la Sécu. Et l'on voit clairement, en considérant ses ravages, que c'est bien le marxisme qui sous-tend ses principes fondateurs. Car, s'il y a une différence de degré, il n'y a aucune différence de nature entre les méfaits de la Sécu et ceux qu'ont provoqués quelques décennies de communisme dans les pays de l'Est.

Nous sommes tous destinés, avec un peu de chance, à devenir vieux. Mais nous ne sommes pas pour autant voués à devenir des petits vieux. Est-ce trop demander aux plus de soixante ans que d'avoir un sursaut de lucidité et de mettre leur poids électoral au service d'une profonde réforme sociale, ménageant certes des transitions, mais point trop longues, afin de redonner un avenir à la France et à sa jeunesse ? Craignons, si tel n'était pas le cas, un terrible conflit de générations, dont les plus âgés seront, à coup sûr cette fois, les victimes. Ah ! on se prend à rêver, face à cette France avachie dans son égoïsme et son âge, à l'admirable phrase d'Homère : « Dieux bons ! quel beau jour pour moi ! Oui je suis heureux : c'est au sujet de la valeur que se querellent mon fils et mon petit-fils. »

---

1. *Le Figaro,* 10 novembre 1993.

CHAPITRE II

Le gâchis hospitalier

Lorsqu'ils discutent le bout de gras avec les syndicats médicaux, les responsables de la Sécu avancent inévitablement l'argument suivant : la Sécu a solvabilisé la demande de soins. Sous-entendu : si vous avez des patients et de l'argent, c'est grâce à nous. Pour un peu, ils se vanteraient d'avoir injecté des microbes à la population pour procurer des revenus au corps médical.

Le plus fort, c'est que les gens de la Sécu croient vraiment à ce qu'ils disent. Qu'ils soient technocrates ou délégués des syndicats de salariés ou de patrons, ils sont tous affligés d'une ignorance économique crasse, à laquelle s'ajoute le port d'œillères auprès desquelles celles qu'on met aux chevaux de trait ne sont que légers voiles de tulle.

Ils me rappellent ces hauts fonctionnaires de la direction des prix à qui j'annonçais, en 1985, que l'opposition abrogerait les ordonnances de 1945 et donc libérerait les prix. Il fallait voir les yeux exorbités de ces contrôleurs confrontés à l'horrible perspective d'un monde sans contrôles. « Mais enfin, gémissaient-ils, qui pilotera l'économie ? » Car ils se figuraient sérieusement qu'ils la pilotaient. Leur action consistait seulement, en guise de pilotage, à donner des coups de frein ou d'accélérateur intempestifs, à saisir le bras du vrai pilote, c'est-à-dire le chef d'entreprise, provoquant une embardée du véhicule, et, pour l'empêcher de voir qu'on roulait au ravin, à lui plaquer les mains sur les yeux. Et comme des enfants jouant au conducteur, ils faisaient avec la bouche un ronflement censé imiter le bruit du moteur. Les prix ont été libérés en 1986 (à l'exception notable, due à l'action d'Édouard Balladur, de ceux des services de santé), et l'on n'a jamais entendu dire depuis que cette mesure avait rendue folle la course du navire. Qui d'ailleurs se souvient que les prix ont été bloqués en France pendant près d'un demi-siècle ? Rien ne paraît plus naturel aux gens que la disparition d'une stupidité. Il en sera exactement de même avec la suppression du monopole de la Sécurité sociale et l'avènement de la liberté d'assurance.

La prétention d'avoir rendue solvable la demande de soins ne résiste pas une seconde à l'examen. La Sécu, pas plus que l'impôt, n'a jamais créé la moindre richesse. Bien au contraire, elle ne peut qu'en détruire, par les prélèvements qu'elle opère sur les ressources des entreprises et des individus, au point d'ailleurs qu'on lui doit l'essentiel de la crise économique française et européenne que nous subissons actuellement. Que se serait-il passé s'il n'y avait pas eu de Sécu ? Les trente glorieuses se seraient déroulées tout aussi bien — et même encore mieux — dans notre pays. Les Français auraient vu leurs revenus et leur pouvoir d'achat augmenter autant et plus, et ils auraient tout naturellement consacré à se soigner l'argent nécessaire. Mais ils l'auraient fait à bon escient, conscients que c'était leurs propres ressources qu'ils engageaient à cet effet et non celles d'une collectivité anonyme.

En revanche, il est exact que la Sécu a dirigé vers le système de soins des sommes qui ne lui seraient pas venues de la même manière et qui auraient été réparties différemment si elles avaient émané de décideurs particuliers.

La pléthore médicale, les lits d'hôpitaux inutiles, les abus et le gâchis généralisé, les voilà les vraies conséquences de la « solvabilisation » dont se targue la Sécu. Auxquelles il faut ajouter la mise sous tutelle du corps médical, le privant de toute indépendance et de toute liberté thérapeutique, qui sont les seuls véritables garants de la qualité des soins, ainsi que la disparition du secret médical, sans lequel il n'est pas de véritable liberté pour les citoyens, et le développement chez tous les assurés sociaux d'une mentalité d'assisté.

N'allez pas à Pontaillac

Si un représentant de l'État débarquait un beau jour chez vous et vous disait : « Monsieur, vous avez décidé d'aller passer vos vacances à Pontaillac. L'État ne saurait accepter une telle dérive. En effet vos frais de transports et de communication — et je vous parlerai dans un instant des notes de téléphone de votre fille aînée — sont passées de 1970 à 1992 de 13,4 % à 16,3 % de vos dépenses de consommation, compromettant ainsi l'équilibre de votre budget, alors que vos dépenses de produits alimentaires ont diminué sur la même période de près de sept points, passant de 26 % à 18,9 %, ce qui est l'évolution jugée normale et souhaitable par les pouvoirs publics. Ces chiffres sont incontestables — et vous n'avez pas à les contester — car ils émanent du dernier rapport des comptes nationaux de la santé, dont le journal que vous lisez, *Le Quotidien*, comme j'ai pu le constater dans la note d'information qui m'a été remise par votre caisse d'assurance maladie et qui figure déjà sur le carnet de santé et la carte à puce dont vous disposerez prochainement, a rendu compte dans son édition du 30 mai 1994. Je vous informe donc qu'à défaut de renoncer à vous rendre à Pontaillac nous augmenterons vos impôts à due concurrence des frais de transport que vous aurez abusivement engagés ». Si donc un homme de l'État vous tenait un tel langage, vous le prendriez par la peau des fesses et le jetteriez sur le trottoir.

Or vous ne le faites pas quand il s'agit de vos dépenses de santé, qui, selon le même rapport, n'ont augmenté que de trois points entre 1970 et 1992, passant de 7,1 à 10 % de la consommation des ménages, soit le même taux de progression que le poste transports et communication, qui représente quant à lui beaucoup plus, puisqu'il s'établit à 16,3 %. Pourtant c'est à propos de la santé qu'on vous tient d'impérieux discours. « Chaque année la collectivité consacre 15 milliards supplémentaires à la santé alors qu'elle en aurait peut-être besoin pour d'autres priorités collectives, et sans que cela ait des conséquences fâcheuses pour l'état de santé de la population. » Cette déclaration péremptoire émane de M. Raoul Briet, commissaire général adjoint au Plan [1]. On se demande pourquoi cet important personnage ne fustige pas, par la même occasion, la soixantaine de milliards que les Français consacrent chaque année aux jeux de hasard et dont on ne voit pas non plus les conséquences heureuses qu'ils pourraient avoir sur leur santé, si ce n'est, peut-être, en leur donnant un peu de rêve et d'espoir, ce que les technocrates du plan sont bien incapables de leur apporter.

D'ailleurs en quoi un technocrate du plan est-il capable de juger de la santé de la population ? Il doit bien avoir assez de soucis avec la sienne propre, menacée à tout instant par le risque d'une interrogation délétère : à quoi puis-je bien servir ?

Attention, me direz-vous, les Français qui dépensent ces sommes aux jeux de hasard sont libres de le faire : c'est leur argent. Mais les milliards de la protection sociale, c'est de l'argent public. Et alors ? vous répondrai-je. L'argent public, ce n'est jamais que de l'argent privé confisqué. Et surtout, qui demande à la Sécu de se servir dans votre poche ? L'y avez-vous autorisée, et, si oui, quand, au terme de quelle délibération, de quel vote ?

Casquettes

Voulez-vous que nous poursuivions encore un peu dans l'absurde ? Savez-vous quand les dirigeants de la Sécu ont été élus pour la dernière fois ? En 1983. Depuis douze ans, pas d'élections. Et encore, peut-on parler d'élections quand seuls sont autorisés à s'y présenter les

---

1. *Le Quotidien du médecin,* 13 janvier 1994.

membres des syndicats dits « représentatifs » et qui ne le sont encore que parce que les gouvernements successifs veulent bien les considérer comme tels ? Quand s'est posée la question de savoir si, après tout, il ne serait pas plus démocratique de faire des élections à la Sécu plutôt que de proroger arbitrairement, d'année en année, le mandat de ses administrateurs, on a demandé à M. Marc Blondel, secrétaire général de Force ouvrière, et « patron » de l'assurance maladie, s'il n'y verrait pas d'inconvénient. Il a répondu que si, il y voyait des inconvénients, et qu'il était préférable d'attendre. Imaginez la même scène à l'Assemblée nationale. Le président de la République interrogerait le président du principal groupe parlementaire et lui demanderait si les prochaines élections générales sont opportunes. Naturellement, le président de ce groupe trouverait d'excellentes raisons de reporter le scrutin. Que ne dirait-on pas alors ! La presse s'emplirait des déclarations furibardes de l'opposition et, plus généralement, de tous les démocrates. Mais là, comme il s'agit de la Sécu, pas un mot. A croire que tout le monde s'en fout ou, pire, que tout le monde juge cela bien trop compliqué et bien trop dangereux pour qu'on s'en occupe. Et pourtant la Sécu, c'est au bas mot mille milliards de francs, si l'on ne considére que le régime général (qui comporte l'assurance vieillesse de base, la maladie et les allocations familiales), soit presque l'équivalent des recettes budgétaires de l'État.

Il m'arrive de demander à d'éminents éditorialistes de la presse nationale s'ils ne sont pas gênés de consacrer tous leurs papiers économiques aux problèmes budgétaires de l'État et presque aucun (sinon le traditionnel article annuel — à présent pluriannuel — sur le fameux trou de la Sécu) à ceux de la protection sociale. Ils me répondent que c'est bien compliqué et que ça ne fait pas vendre de journaux, parce que ça n'intéresse personne. Naturellement, les lecteurs sont friands des révélations distillées chaque année par le rapport de la Cour des comptes sur le train de vie du président de la Caisse nationale d'assurance maladie ou sur tel autre abus. Mais ils ne se rendent pas compte que, pour scandaleuses qu'elles soient, ces informations ne sont que de la poudre aux yeux. Car elles tendent à accréditer l'idée que, s'il n'y avait pas ces abus, tout irait pour le mieux dans le meilleur des mondes. Or il n'en est évidemment rien, car c'est le système lui-même, dans son ensemble, qui est un abus, et que, même si tel hiérarque social picolait moins et pour moins cher, le trou de la Sécu ne se refermerait pas.

Parmi les curiosités de la Sécu, il en est une qui ne manque pas de sel. Le secrétaire général de Force ouvrière, actuellement Marc Blondel, est en même temps le patron des 180 000 employés de la Sécu et leur représentant syndical, puisque FO y est majoritaire. Heureusement que Blondel est un adepte du port de la casquette, parce qu'en l'occurrence il en a deux. Cela ne le gêne d'ailleurs nullement. N'est-ce pas le rêve de tout homme politique, de tout dirigeant syndical, de ne dialoguer qu'avec lui-même ?

A un moment ou l'autre d'une carrière publique, le peuple devient toujours gênant. C'est ainsi qu'on a pu apprendre en 1980 que Valéry Giscard d'Estaing avait donné consigne à son entourage de ne pas évoquer, dans ses déclarations publiques, sa réélection espérée en 1981, mais de parler de sa « reconduction ». Le français, décidément, est une langue qui permet bien des subtilités, derrière lesquelles pourtant se cachent de grosses ficelles.

La chasse aux papillons

Si l'on a formé trop de médecins en France, c'est moins parce qu'une irrépressible vocation saisissait les jeunes gens qu'en raison des débouchés qui semblaient s'offir à eux. Les années soixante furent, d'un point de vue économique, une sorte d'âge d'or de la médecine. Le décret du 12 mai 1960, en généralisant le principe des conventions entre la Sécurité sociale et les professions de santé, fit basculer la France dans un système pervers qui ne pouvait qu'aboutir à la crise actuelle. L'expression la plus appropriée pour caractériser la nouvelle relation créée entre le corps de santé et l'État (qui agissait en subrogé tuteur de la Sécu) est « la carotte et le bâton ». Nous étions au début de l'ère de la technocratie triomphante. L'École nationale d'administration tournait à plein régime, livrant chaque année sa fournée de hauts fonctionnaires avides de places et de pouvoir. Entre eux régnait cet « esprit de connivence » que Michel Debré (l'expression est de lui) avait appelé de ses vœux, pensant qu'il s'exercerait dans l'intérêt public.

Le pouvoir médical était, pour les nouveaux maîtres du pays, un double obstacle à leur complète domination. Un médecin était encore, à l'époque, un notable. Il exerçait donc une influence sur le peuple. Et cette influence allait dans le sens des libertés individuelles, qui sont consubstantielles à la médecine libérale. Attaché à sa dignité, percevant des honoraires et non pas une simple rémunération, le médecin était un rouage incommode pour la société de consommation qui commençait à s'établir et dont les technocrates entendaient devenir les gérants exclusifs. Il s'agissait donc de mater le corps médical. Pour cela, il fallait d'abord l'appâter. Au grand dam des praticiens traditionnels, qui livrèrent un combat maladroit, encombrés de leurs nœuds papillons et de leurs confortables limousines, la majorité des médecins cédèrent à l'attrait des tarifs alléchants que les premières conventions proposaient et ne voulurent pas voir les pièges mortels recelés par les textes qu'on leur fit signer. Pour mieux appauvrir les médecins — et donc ainsi les réduire à l'obéissance — il fallait d'abord les enrichir.

Ce fut le coup de génie des technocrates d'avoir adopté cette stratégie. A médecins conventionnés, patients remboursés. Cette phrase résume parfaitement l'économie du système. Négligeant le fait que la Sécurité sociale était une assurance — ses régimes ne portent-ils pas ce nom : assurance maladie, assurance vieillesse ? —, les technocrates décidèrent que les patients qui s'adresseraient à un praticien non conventionné ne seraient remboursés qu'à la portion congrue, leur faisant perdre ainsi leur liberté de choix. Pour faire passer la pilule, il suffisait, dans un premier temps, de fixer un remboursement assez proche du tarif conventionnel, puis de le bloquer à ce niveau. C'est très exactement — en image inversée — la technique de développement d'un nouvel impôt, qui commence sa carrière à un taux ridiculement bas (en général 1 %), avant de s'envoler progressivement vers les sommets. L'impôt sur le revenu a débuté ainsi en 1917, pour atteindre 56,8 % aujourd'hui. Il en ira de même avec la CSG, qui, après ses modestes débuts à 1 %, est actuellement fixée à 2,4 % et se trouve promise au plus brillant avenir.

Les patients ne virent que la quasi-gratuité qui leur était soudain offerte, les médecins, que les substantielles gratifications tombant dans leur escarcelle. Les uns et les autres ne se rendaient pas compte qu'ils venaient de basculer dans « le meilleur des mondes », celui qui, aujourd'hui, entre dans sa phase de pleine réalisation.

La croissance économique permit à la machine infernale de fonctionner sans à-coups pendant une quinzaine d'années. Les chocs pétroliers des années soixante-dix grippèrent son fonctionnement. La crise actuelle est en train de la faire imploser définitivement. Pour les technocrates, il importe peu. Ils sont arrivés à leurs fins. Le corps médical est brisé, le peuple est docile, ne réclamant que du pain et des jeux. À moins d'une improbable révolte, un nouveau système va se mettre en place. Il n'autorisera plus aucune liberté et, par conséquent, donnera plein pouvoir aux technocrates. C'était le but recherché. Le voilà atteint.

Pourquoi tant de haine ?

La preuve formelle des menées technocratiques s'étale à longueur de colonnes dans la presse. Il n'y est question que des dépenses inconsidérées du secteur libéral de la santé. Or, sur les 500 milliards de francs remboursés chaque année par l'assurance maladie, la moitié est affectée à l'hospitalisation. Mais de celle-ci on ne parle jamais, sauf dans quelques colloques feutrés ou dans de précautionneux rapports officiels.

C'est que, pour les technocrates, l'hôpital, c'est la famille. Organisation administrative, personnels salariés, on est en milieu de connaissance. Et il serait du plus mauvais goût de prétendre y porter le fer. De plus la politique y est étroitement mêlée : le maire est le président du conseil d'administration de l'hôpital, et celui-ci est souvent le premier employeur de la commune. Les technocrates en fait ne craignent que les politiques. Ils les dirigent certes, mais ceux-ci peuvent toujours, dans un mouvement de colère, remplacer un technocrate par un autre. La technocratie n'y perd rien, puisque c'est un jeu à sommes nulles, mais il y a un technocrate dérangé dans son confort et sa carrière. C'est pourquoi la gabegie hospitalière a de beaux et longs jours devant elle. Sauf si... Mais nous y viendrons plus tard.

Quand on parle de l'hospitalisation, il faut bien se garder de confondre l'hôpital public et les cliniques privées. Si le premier est un bateau ivre, où n'importe qui peut faire n'importe quoi, les secondes sont l'objet de tous les contrôles de l'administration, de toutes les mesures contraignantes. Gel des forfaits de salle d'opération, baisse des tarifs en cas d'augmentation d'activité supérieure à un taux arbitraire, les 1 400 cliniques privées subissent un traitement de choc qui en a laissé plusieurs dizaines au tapis en 1991, autant qu'il en avait disparu en dix ans, et que « le pourcentage d'établissements déficitaires est passé de 21 % en 1989 à 23,4 % en 1992, avec un pic à 30 % en 1991 [1] ». Pourtant « les cliniques privées soignent presque autant de malades que les établissements publics et représentent 63 % des actes de chirurgie. Mais elles assurent cette activité de manière beaucoup plus efficace : ainsi, les établisse-

1. *Les Échos*, 1er et 2 juillet 1994.

ments privés n'ont besoin que de 57 805 infirmières, lorsque les établissements publics en ont besoin de 188 129 ! Ils n'ont que 40 840 aides-soignantes, alors qu'il y en a 143 738 dans le secteur public ! On constate des écarts du même genre pour le nombre de lits ou le nombre de médecins [1]. »

Alors pourquoi tant de haine envers le secteur privé, quand l'hôpital public, comme on va le voir, n'est qu'un immense gâchis ? Mais parce qu'il faut réduire les dépenses de santé au motif qu'on leur a fixé un taux d'évolution compatible avec la quantité d'argent que les technocrates et les politiques estiment possible de voler dans la poche des Français, et que l'hôpital public est tabou, il faut bien s'en prendre à ceux qui sont sans protection, c'est-à-dire les établissements privés. Vous observerez que la distribution des contraventions et la répartition des impôts obéissent aux mêmes règles. Qui n'a vu deux agents de police prendre des airs martiaux en dressant procès-verbal à une voiture sans défense ni conducteur, garée hors du stationnement réservé, pendant qu'une moto pilotée par un cinglé fonce à 120 km/h dans la même rue ? Qui ne sait qu'en France l'immobilier est une véritable vache à lait fiscale parce que les Français, peuple de paysans émigrés dans les villes, ont reporté sur la pierre l'amour qu'ils avaient pour la terre, et que les gouvernants, incapables de maîtriser les dépenses publiques ni de réformer une fiscalité archaïque et confiscatoire, jugent plus commode de se servir sur le patrimoine et le logement des Français ?

À la poubelle

Sur l'hôpital public... on a de beaux rapports. Il n'y a qu'à se baisser pour les ramasser. Prenez un des derniers parus, celui de l'Inspection générale des affaires sociales (IGAS). Il nous apprend par exemple qu'entre 1979 et 1990 les effectifs du personnel médical des hôpi-

1. Pascal Salin, professeur à l'université Paris-Dauphine, dans *L'Express* du 1er juillet 1993.

taux publics ont progressé de 33,5 % et ceux du personnel non médical de 12,4 %, tandis que les entrées de patients n'augmentaient que de 14 % et que le nombre de journées d'hospitalisation diminuait de 7 % ! Il nous révèle aussi, prenant pour exemple une maternité, celle de Vaison-la-Romaine, qu'il n'a pas fallu moins de 67 réunions et de 17 jours complets de travail à l'administration, entre avril 1989 et juin 1992, pour obtenir la fermeture de 9 lits. Et l'IGAS de conclure perfidement : « On n'ose rapprocher ce chiffre des objectifs nationaux poursuivis par les pouvoirs publics. » Les inspecteurs des affaires sociales font allusion à l'intention proclamée du gouvernement Balladur de fermer 22 000 lits d'hôpitaux en 1994.

A qui sont destinés ces rapports ? En tout cas pas aux principaux intéressés, les chefs de services hospitaliers. Le *Quotidien* a posé à deux d'entre eux, et non des moins connus, la question suivante : « Avez-vous reçu le rapport annuel de l'IGAS ? » Réponse du professeur Bernard Debré : « Non, je n'ai lu que quelques extraits. » Réponse du professeur Christian Cabrol : « Non, nous sommes toujours les derniers à recevoir ces choses-là [1]. » Au demeurant, tous ces rapports ne servent pas à grand-chose, sinon à justifier la rémunération de leurs auteurs. Comme le dit le professeur Debré dans la même interview, « le problème, ce n'est pas ce rapport. C'est vrai qu'il enfonce des portes ouvertes. Il faudrait surtout qu'un jour on prenne des responsabilités politiques. »

Le professeur Jean-Paul Escande, quant à lui, confie le soin de traiter les documents administratifs à sa plus fidèle collaboratrice : sa poubelle. « Deux à trois fois par jour, écrit-il, le courrier administratif s'entasse sur mon bureau : notes, rappels, convocations, avis, demandes d'études, rappels encore... Au bout d'un mois, l'ensemble représente un bon kilo de paperasses. Que de temps il faudrait consacrer à la lecture attentive de ces documents ! La médecine qui marche au pas, cela ne me

1. *Le Quotidien*, 29 avril 1994.

regarde pas. J'ai donc décidé de jeter à la poubelle, après l'avoir simplement parcouru, le courrier administratif que je reçois. C'est très mal, je le sais. Mais cela n'a aucune importance, je le sais aussi. Pendant un moment de ma vie médicale et hospitalière, j'ai lu ces documents à fond, j'en ai tenu compte, j'ai répondu aux questionnaires, je me suis conformé aux injonctions, j'ai épluché les notes. Temps perdu ! Pourquoi des philosophes, demandait un jour Jean-François Revel ? La réponse tombait, sèche : pour faire des philosophes. Pourquoi des administratifs, peut-on pareillement demander ? Pour faire de l'administration et pas du tout une politique de santé [1]... »

La bonne technique pour un gouvernement qui ne veut surtout pas toucher à l'hôpital — et jusqu'à ce jour, c'est le cas de tous les gouvernements — consiste à demander des rapports successifs qui se contredisent. L'affaire n'est pas difficile à mener. Il suffit de bien choisir les rapporteurs. La plupart d'entre eux font partie du show-biz hospitalier. Ils vont de colloques en congrès, exposant chacun sa marotte (on n'ose dire ses idées, tant ce qu'ils racontent manque de la plus élémentaire vision d'ensemble), si bien qu'on est à peu près sûr, en commandant un rapport, de ce qu'on y trouvera. Pour plus de sécurité, on peut préciser à l'intention du rapporteur ce qu'il devra dire et ne pas dire.

L'aveugle et le paralytique

Prenons deux exemples récents. Le ministre délégué à la santé, Philippe Douste-Blazy, commande un rapport sur la modernisation de la gestion des hôpitaux à Claudine Esper. Directrice de la Ligue nationale contre le cancer, juriste, elle a occupé un poste important à la direction de l'Assistance publique de Paris, qui coiffe tous les hôpitaux de la région parisienne. Douste-Blazy l'a connue dans les cercles barristes, à l'époque où ceux-

1. Jean-Paul Escande, *Lettre ouverte aux technocrates qui prennent l'hôpital pour une usine*, Albin Michel.

ci grouillaient de petits jeunes gens qui, forts de la cote de Raymond Barre dans les sondages, avaient déjà choisi la couleur de la moquette de leur bureau à l'Élysée. Le ministre sait donc parfaitement ce qu'il peut attendre de ce rapport. Et de fait, il n'est pas surpris. Fidèle à la démarche gradualiste chère à l'ancien premier ministre, Claudine Esper propose notamment des procédures d'intéressement pour les personnels des services qui feraient des économies ou des gains de productivité, d'assouplir les règles comptables, d'ouvrir plus largement l'hôpital vers d'autres structures de soins privés et vers la médecine libérale, ainsi qu'une décentralisation régionale du contrôle de la gestion hospitalière.

Des propositions qui semblent répondre à l'attente des praticiens des hôpitaux, puisque le président de leur Intersyndicat national, le Dr Francis Peigné, déclarait peu avant la publication du rapport : « J'attends beaucoup de la mission confiée à Claudine Esper, dont les propositions devraient avoir des conséquences sur l'organisation interne et le fonctionnement des hôpitaux. Elles intéressent directement les praticiens et, dans une certaine mesure, devraient permettre de faire évoluer leur statut. Nous attendons en fait de cette mission une concrétisation de tout ce qui était à l'état de potentialité dans la loi hospitalière, qu'il s'agisse d'intéressement du personnel ou de l'autonomie budgétaire des services [1]. »

Au moment où le rapport Esper était rendu public, un autre rapport était en chantier, commandé celui-là aux trois inspections générales concernées, celles de l'administration, des finances et des affaires sociales. Et naturellement, on n'allait pas être déçu. Rien d'étonnant : si vous demandez à un gendarme muni d'un sifflet et officiant à un carrefour un rapport sur la circulation automobile, il proposera sans nul doute un accroissement du nombre des gendarmes et de la dotation en sifflets. Pas question donc, pour le rapport des trois inspections, d'organiser l'offre de soins selon une

1. *Le Quotidien du médecin*, 11 janvier 1994.

logique de marché ni de mettre en place une organisation régionale des hôpitaux. Bien au contraire, il faut renforcer les services de l'État et faire intervenir davantage la Sécu dans la gestion des hôpitaux.

Associer plus étroitement l'État et la Sécu ! Ah ! la belle et bonne gestion qu'on va nous faire ! Autant confier notre sort à l'attelage de l'aveugle et du paralytique ! Mais qu'on se rassure : la Sécu n'est nullement effrayée à cette idée. Ça fait même pas mal de temps que le président de la Caisse nationale d'assurance maladie, Jean-Claude Mallet, se tient prêt.

Un mot tout d'abord du personnage. Il a plutôt une bonne tête, un visage rond, il sourit volontiers et parle d'une voix douce tout en tirant sur sa pipe. Vous l'avez reconnu : c'est Monsieur Hulot. En outre, étant postier de son métier, il a dû beaucoup rire, en homme de l'art, des facéties de son collègue dans *Jour de fête.* Comme on est porté à croire, avec Fernand Raynaud, que les douaniers ne peuvent pas être idiots, « puisqu'ils sont douaniers », il n'y a aucune raison de penser, a priori, qu'un postier soit incapable de gérer la Sécu, puisqu'il est postier. Il n'y a cependant aucune raison non plus de penser le contraire. On est donc contraint de juger aux résultats. Or ils sont probants ! Bref M. Mallet n'est pas plus qualifié pour donner des leçons de gestion qu'un homme d'affaires en faillite ne l'est pour enseigner dans une business school.

Cela ne l'empêche pas de pérorer d'un ton professoral. « Depuis dix ans, tout ce que les pouvoirs publics ont trouvé pour maîtriser les dépenses hospitalières publiques, c'est d'ajouter des méthodes bureaucratiques à d'autres méthodes bureaucratiques, bref de s'enfoncer dans le “toujours plus d'État”.

Ces méthodes ont fait la preuve de leur inefficacité ; les dépenses hospitalières sont en théorie encadrées, en pratique elles ne le sont pas, et les hôpitaux sont soumis à des critères de gestion budgétaire discutables [1]. » Si elles ne venaient du principal bureaucrate de France

1. *Le Quotidien du médecin,* 28 mai 1993.

(1 000 milliards de « chiffre d'affaires »), ces critiques seraient recevables. Mais faire espérer qu'une intervention de la Sécu dans la gestion des hôpitaux puisse améliorer celle-ci, c'est vraiment ne pas manquer d'air. Car ce que M. Mallet recommande, au lieu de la gestion bureaucratique des hôpitaux, c'est la « négociation contractuelle dans laquelle chacun défend ses objectifs ».

La belle tarte à la crème que M. Mallet nous sert là ! La « négociation contractuelle », c'est l'inusable formule à tout faire des discours syndicaux. Et c'est l'admirable pratique qui a permis de creuser des déficits sociaux si profonds qu'ils en sont venus à compromettre la signature de l'État français sur les marchés financiers internationaux.

D'ailleurs, pour que les choses soient claires, M. Mallet prend bien soin d'écarter toute pratique ayant un rapport avec l'économie de marché. Surtout pas de « concurrence par les prix, suicidaire pour le service public hospitalier ». A bas « les apprentis sorciers de la productivité marchande ». Et pas question d'essayer de savoir ce que coûtent les soins dans divers types de maladies, ça pourrait jeter un froid dans la « négociation contractuelle », notamment avec les personnels hospitaliers, dont la rémunération représente pourtant 70 % du coût total de l'hospitalisation, contre par exemple 45 % aux États-Unis, car « ce n'est certainement pas là qu'il faut chercher des économies ». Alors où faut-il en chercher ? Motus et bouche cousue. Nous verrons cela dans la « négociation contractuelle ». *Purgare !* s'écriaient les médecins de Molière.

Quand on aime, on ne compte pas

Depuis 1983, l'hôpital public vit sous le régime du budget global. On lui donne une enveloppe, à lui de faire avec. C'est à peu près la technique qu'emploient les parents pour l'argent de poche de leurs enfants : débrouille-toi avec ça. Bien entendu les enfants ne se débrouillent jamais. Il y a toujours une dépense inattendue et puis il y a ce bouquin que le prof leur a recommandé de lire et qu'ils ont payé sur leur argent. Ah bon ? Sur ton argent ? Tu es sûr ? Parce que moi, je ne m'en souviens plus. Bon, je te le rembourse.

Comme vous le faites pour vos enfants qui ne s'en sortent pas avec ce qu'ils ont, le gouvernement fixe chaque année un pourcentage d'augmentation du budget global, qui s'appelle le taux directeur. Et, exactement comme pour les dépenses de vos enfants, le taux directeur est toujours dépassé. La raison en est simple. Personne, à l'hôpital, n'a intérêt à faire des économies, puisque le budget suivant serait diminué d'autant. L'objectif est donc de dépenser son dû. Et comme le gouvernement est bon et généreux dès que les personnels commencent à grogner, que des grèves pointent à l'horizon ou que s'ébranlent des manifestations de rue, il lâche du lest sur les salaires et le budget global est foutu en l'air par ceux-là mêmes qui l'avaient établi.

L'IGAS a ainsi démontré dans son rapport qu'un protocole d'accord sur l'indemnisation des jours fériés, qui avait été estimé par la direction des hôpitaux et le ministère du budget à 379 millions de francs, avait coûté en réalité 1,8 milliard... parce qu'on avait mal évalué le nombre d'agents concernés. Ça rassure de se savoir gouverné !

Non, décidément, le budget global, ça ne marche pas. « Les tensions auxquelles sont soumis les établissements hospitaliers les plus dynamiques sont devenues parfois insupportables, s'est exclamée Simone Veil en ouvrant les assises nationales des hôpitaux universitaires. A l'inverse, d'autres établissements hospitaliers connaissent des rentes de situation qui ne sont pas acceptables à l'heure où les difficultés financières de l'assurance maladie pèsent si fortement sur l'équilibre des comptes sociaux. Cette situation ne peut plus durer. Aussi ai-je demandé que soit accéléré le programme de médicalisation du système d'information afin que nous disposions enfin d'informations médicalisées susceptibles d'éclairer les choix budgétaires [1]. »

---

1. *Le Monde*, 21 septembre 1994.

Comme M. Mallet a sa « négociation contractuelle », Mme Veil a son « programme médicalisé des systèmes d'information » (ou PMSI).

De quoi s'agit-il ? D'introduire la comptabilité analytique dans les hôpitaux. Puis de se servir des données recueillies pour tenter de définir un coût moyen par pathologie qui servirait de base à une nouvelle tarification.

Affolée par l'aggravation du déficit de la Sécu, Mme Veil veut croire que le PMSI sera la panacée. Malheureusement pour elle, personne n'en veut. « Les médecins n'accepteront pas le PMSI comme instrument de financement si ce dernier n'est pas accompagné de critères d'évaluation de la qualité », déclare le Dr Peigné, président de l'Intersyndicat national des praticiens hospitaliers [1]. « Les mesures envisagées par Simone Veil concernent seulement l'hôpital public », ajoute le Dr Serfaty, président d'un des deux syndicats de l'hospitalisation privée [2]. Quant à M. Mallet, il y a bien longtemps qu'il a fait sa religion sur le sujet : « Le fameux PMSI, expérimenté depuis dix ans dans la plus totale improvisation, est aujourd'hui une véritable tour de Babel. Si ces expérimentations sont destinées à avaliser la énième construction technocratique d'un système de comptabilité analytique, elles sont inutiles et dangereuses [3]. »

Au demeurant ni Mme Veil ni les détracteurs du PMSI n'ont la moindre illusion ou la moindre inquiétude à entretenir. Il n'y a pas plus d'une vingtaine d'hôpitaux en France, sur plus d'un millier, à disposer d'une comptabilité analytique ! Chacun comprend que dans un pays où la classe dirigeante ne jure que par le service public et où le quart de la population active a un statut protégé, la simple idée d'analyser les coûts d'une administration quelconque est sacrilège. Ne dit-on pas, chez nous, « quand on aime, on ne compte pas » ?

1. *Le Quotidien du médecin,* 7 septembre 1994.
2. *Ibid.*
3. *Ibid.,* 28 mai 1993.

Armées mexicaines

A défaut de compter, on pourrait peut-être essayer de faire des économies en supprimant les lits d'hôpitaux excédentaires. On en recense environ 54 000, soit 10 % du total. Quand elle était ministre de la santé du gouvernement de Raymond Barre, Simone Veil avait fait voter une loi permettant aux pouvoirs publics de supprimer des services, des lits ou des équipements hospitaliers jugés excédentaires. Victorieuse en 1981, la gauche abrogea la loi, qui n'avait d'ailleurs pas eu le temps d'entrer en application.

De retour avenue de Ségur (où siège le ministère des affaires sociales), Simone Veil reprend son ancien projet et fait à nouveau voter une loi à cet effet. Convaincu par son ministre que la restructuration hospitalière est une priorité si l'on veut maîtriser le déficit de l'assurance maladie, Édouard Balladur déclare : « Il est temps de sortir d'un immobilisme qui condamne le système hospitalier à l'inefficacité et à la crise financière [1]. » Et d'annoncer dans la foulée la suppression de 22 000 lits.

Moins d'un an plus tard, *Panorama du médecin* peut titrer : « Restructurations : le gouvernement jette l'éponge. » Et le quotidien médical donne les raisons de cette reculade — une de plus — de M. Balladur : « Les levées de boucliers des élus locaux, furieux de voir leurs hôpitaux démantelés, peuvent expliquer cette marche arrière du gouvernement. En effet, durant tout l'hiver et une partie du printemps, bon nombre de maires, souvent présidents du conseil d'administration de l'hôpital de leur commune, ont figuré en première ligne de la fronde. Peu enclins à sacrifier "leur" établissement — premier employeur de la ville dans la plupart des cas — sur l'autel de la carte sanitaire, ils n'ont pas hésité à descendre dans la rue, aux côtés des blouses blanches. Du coup, le gouvernement a pris peur. Et les échéances relatives aux restructurations hospitalières n'ont cessé d'être reportées [2]. »

1. *Le Quotidien du médecin,* 17 novembre 1993.
2. *Panorama du médecin,* 31 août 1994.

Pour significatif qu'il soit de l'impuissance gouvernementale, cet échec n'a en fait guère plus de conséquences que n'en aurait eu un succès. Sur les 22 000 lits voués à la disparition, 13 000 n'existaient pas. Ils étaient « autorisés », mais pas « installés », et n'avaient donc de réalité qu'administrative. Quant aux autres, ils n'étaient pas menacés non plus, puisque M. Balladur, après son mouvement de menton de novembre 1993, s'était empressé de préciser, dès le mois de janvier suivant, qu'il ne s'agissait pas de suppressions mais de reconversions. Et comme n'a pas manqué de le faire remarquer le président de la Commission des comptes de la Sécurité sociale, Jean Marmot, ce n'est pas la suppression de 22 000 lits qui produira des économies, mais « surtout la suppression des emplois hospitaliers qui y sont attachés [1] ».

Du coup, certains se demandent s'il ne faudrait pas commencer par enlever aux maires la présidence des conseils d'administration des hôpitaux. C'est l'idée, en particulier, d'Élizabeth Hubert, député RPR de Loire-Atlantique (et médecin). A la session d'automne 1993 de l'Assemblée nationale, elle dépose un amendement dans ce sens. Lors d'une première tentative, en 1991, son amendement n'avait recueilli qu'une seule voix, la sienne. « En 1993, j'ai eu beaucoup plus de succès : nous étions au moins cinq ! Je ferai encore mieux en seconde lecture », confie-t-elle en souriant au journal *Le Monde*[2]. En fait, son amendement sera rejeté par la commission mixte paritaire, chargée de concilier les points de vue de l'Assemblée et du Sénat. Un Sénat où, comme chacun le sait, le poids des grands électeurs que sont les maires est déterminant...

Aurait-on plus de chance avec les centres hospitaliers universitaires (CHU) qu'avec les hôpitaux généraux ? Le professeur Bernard Debré n'y va pas par quatre chemins. Constatant qu'il y a toujours 36 CHU en France, autant que vingt ans auparavant, alors que les facultés de médecine n'accueillent plus actuellement que 3 500

1. *Panorama du médecin*, 6 juillet 1994.
2. *Le Monde*, 19-20 décembre 1993.

étudiants[1] au lieu de 20 000 à l'époque, il s'indigne : « Certains CHU, avec soixante étudiants par an, comptent une centaine de professeurs ! » Et le député d'Indre-et-Loire (devenu depuis ministre de la Coopération) de suggérer la diminution de moitié du nombre de CHU sur le territoire[2]. Mais que va-t-on faire de tous ces professeurs ? Aux dernières assises nationales des hôpitaux universitaires, Simone Veil déplorait que 75 % des personnels médicaux des CHU fussent professeurs, maîtres de conférences ou praticiens hospitaliers[3] ! Avons-nous vraiment raison, en France, de railler ces armées mexicaines où tout le monde est général ?

« Le ministère est désarmé »

Je sens bien que le technocrate que vous êtes devenu par la grâce de ma formation accélérée a besoin, après cet exposé désespérant, d'une petite gâterie. Qu'est-ce qui vous ferait plaisir ? Quelques chiffres, bien sûr.

Savez-vous combien coûte une opération de l'appendicite ? Une comparaison faite en 1990 par la revue *Le Caducée*[4] indiquait que cette intervention était facturée 6 648 F en clinique privée conventionnée, 14 336 F à l'hôpital public. Autrement dit la même opération coûtait deux fois plus cher à l'hôpital public que dans le privé. La même comparaison faite par la revue *L'Assuré social* de février-mars 1994, soit quatre ans plus tard, indique 6 278 F en clinique conventionnée contre 21 525 F à l'hôpital public. De deux fois plus cher, le public est passé à 3,4 fois plus cher !

En vingt ans, de 1970 à 1990, le prix de journée d'hospitalisation a été multiplié par 15 dans le public et seulement par 6 dans le privé. Et au cours des quatre dernières années (de 1990 à 1994), il aura augmenté en

1. En raison du numerus clausus institué à l'entrée des études pour réduire le nombre des médecins.
2. *Panorama du médecin,* 28 octobre 1991.
3. *Ibid.,* 21 septembre 1994.
4. *Le Caducée,* n° 372.

moyenne de 33 % dans le public contre seulement 11 % dans le privé [1] !

Jetons un coup d'œil chez notre voisin allemand. Pendant la décennie 80, les dépenses hospitalières y ont augmenté d'environ 50 %. En France, de 120 % [2] !

La gabegie hospitalière publique est donc bien la principale responsable de l'accroissement des dépenses de santé en France et par conséquent du déficit de l'assurance maladie de la Sécu. Aux causes que nous avons analysées, on peut encore ajouter les faits suivants, signalés par le professeur Robert Launois, de l'Institut La Boétie : « 38 % des 27 000 malades hospitalisés plus de 20 jours dans les services de court séjour ont une prolongation de durée de séjour médicalement injustifiée, 27 % des personnes hospitalisées dans les établissements de soins et d'hébergement n'auraient pas dû s'y trouver, et 40 % des personnes hospitalisées en psychiatrie ne relevaient pas de telles structures [3]. » En langage populaire cela pourrait se traduire ainsi : quand on ne sait pas quoi faire de ses petits vieux, on les colle à l'hosto. Le problème est alors de savoir pourquoi l'hosto accepte de les prendre. La réponse est évidente : pour justifier son existence.

Chargé par le ministère de la Santé d'une mission sur « le décloisonnement de l'hôpital », le sociologue Michel Crozier, grand spécialiste du « phénomène bureaucratique », en reste comme deux ronds de flan. « Dans les CHU, 70 % des dépenses concernent le personnel. Or celui-ci se plaint d'être mal payé, les infirmières ont été augmentées mais elles ne touchent pas des sommes extraordinaires, les internes sont mal payés. (...) Il faut que le personnel soit bien déployé, qu'il n'ait pas trop de travail dans un service et rien à faire dans l'autre. Au cours des études que nous avons effectuées, nous avons rencontré un taux d'absentéisme de 40 %. Cette donnée n'est-elle pas plus importante que le fait de savoir qu'il faut économiser 10 % sur le budget de la

1. *Le Caducée*, n° 401, novembre 1993.
2. *Espace social européen*, 25 octobre 1991.
3. *Les Cahiers de chirurgie*, n° 81, 1er trimestre 1992.

blanchisserie, soit 0,2 % du grand total ? » Michel Crozier ne se fait d'ailleurs aucune illusion. Ni sur l'imminence d'une solution : « C'est un travail de longue haleine, qui doit être effectué par tout le monde et qui commence par une connaisance de la réalité, parce que les solutions a priori ne marchent pas. » Ni sur l'action du gouvernement : « Les solutions du ministère n'ont jamais marché. Face à l'ampleur du problème hospitalier, le ministère est désarmé [1]. »

Disons-le tout net. Dans sa forme actuelle, l'hôpital public est condamné. La dégradation de la situation a atteint un point de non-retour. La seule véritable richesse de l'hôpital, c'est son personnel soignant. Il est, dans son ensemble, de très haute qualité. C'est lui qu'il faut sauver. En quelques mois on peut construire un bâtiment. Il faut des dizaines d'années pour former un médecin spécialiste de haut niveau. Dans le cadre actuel, les médecins et les infirmières ne peuvent que se décourager chaque jour un peu plus. Pas plus qu'on ne vit au vert quand on bâtit les villes à la campagne, on ne transpose dans le carcan public les méthodes qui font la réussite de l'entreprise privée. Il faut donc choisir. Ou bien la mort plus ou moins rapide dans le secteur public. Ou bien la renaissance dans un cadre privé. Toute solution intermédiaire n'est que poudre aux yeux, prétexte à discours dominical ou, bien pire encore, dissimulation d'intérêts catégoriels peu avouables.

En conclusion de ce chapitre, j'emprunterai à Raymond Barre la dernière phrase de la préface qu'il a bien voulu donner à l'un de mes ouvrages : « L'effondrement de structures vermoulues n'est jamais une catastrophe, mais l'occasion d'une rénovation et d'un nouveau départ suscités pour la libération des forces d'innovation, d'efficacité et de progrès [2]. »

---

1. *Impact Médecin Quotidien*, 4 juillet 1994.
2. *La révolution des termites*, Albatros.

CHAPITRE III

Le meilleur des mondes

Il va de soi que les Français passent leurs journées à courir de médecin en médecin et à avaler d'impressionnantes quantités de médicaments, que ces comportements sont la cause du déficit permanent de la Sécu et que, si l'on veut en finir une bonne fois avec son fameux trou, il faut impérativement mettre un terme à cet insupportable gaspillage.

La maîtrise des dépenses de santé passe donc forcément par la mise sous tutelle du corps médical et des patients. Les bons pasteurs de ce récalcitrant troupeau sont le ministre des affaires sociales et celui de la santé, ainsi que le président et le directeur de la Caisse nationale d'assurance maladie. Les représentants du troupeau sont, pour les praticiens, les présidents des syndicats médicaux et, pour les patients... personne. Les séances de dressage des médecins sont préparées par ces gens sous le regard attentif des journalistes des quotidiens et hebdomadaires médicaux et par quelques autres qui écrivent dans la grande presse des articles que les lecteurs ne lisent jamais, tant ils sont persuadés que cela ne les concerne pas et tant ils n'ont d'intérêt que pour les personnalités de la télévision ou pour le scandale financier du jour.

L'immense majorité des praticiens de santé ne lit pratiquement pas de journaux professionnels. Ce n'est pas qu'il en manque, ni qu'ils soient de mauvaise qualité. Mais ils vivent pour l'essentiel de la publicité médicale et, pour justifier, par un tirage suffisant, leurs tarifs auprès des annonceurs, ils sont pour la plupart adressés gratuitement aux professionnels, qui, de ce fait, leur accordent moins d'attention que s'ils les payaient. Ajoutons que le médecin, pris par sa tâche quotidienne et habitué à prendre seul ses responsabilités, est peu enclin au débat et à l'action collective. Son individualisme lui permet de réussir dans son métier et fait aussi sa perte. Car il laisse les politiciens, les administratifs et les représentants syndicaux déterminer ses conditions d'exercice sans qu'il daigne s'y intéresser ni dire jamais le moindre mot, sauf celui de Cambronne chaque fois qu'un nouveau recul de sa liberté est consommé et qu'il n'y a plus rien à faire.

Cette démission collective du corps médical est grave. Et je serais tenté de dire qu'il n'a que ce qu'il mérite, si les victimes principales de cette inconscience, de cette lâcheté, de cette incurie n'étaient finalement les malades et la démocratie.

La démission du corps médical n'est qu'un des aspects de la « trahison des clercs », qui est en train de mener l'Occident à sa perte. Aucune valeur ne survit à l'absence de défenseurs et de pratiquants. La domestication de la médecine va de pair avec l'aliénation de l'individu et le développement de l'esprit d'assistance et d'irresponsabilité.

Les médecins sont toutefois moins excusables que d'autres, car ils connaissent, eux, l'existence et l'irréductible singularité de l'être humain. Ils savent, eux, que le malade qu'ils soignent est avant tout une personne, bien avant d'être un assuré social et un numéro matricule. Que ne se rebellent-ils, quand on vient leur faire la morale au nom de principes « comptables » ! Que n'envoient-ils promener ces ministres — dont certains sont sortis de leurs rangs — qui les morigènent du haut de leur incompétence et de leur suffisance ! Que n'emploient-ils le mot le plus beau de la langue française, lorsque l'essentiel est en jeu : non !

Ils sont pourtant pourvus de « conseils de l'ordre », dont la mission est d'assurer « la défense de l'honneur et de l'indépendance de la profession médicale [1] ». Mais ces instances à cotisation obligatoire ont perdu toute légitimité depuis qu'elles ont accepté sans combattre la mise en place d'un système social qui, précisément, bafoue à chaque instant l'honneur et l'indépendance des praticiens. Elles n'ont plus guère d'autre utilité, à présent, que de mesurer les dimensions des plaques que les médecins ont le droit d'apposer à l'entrée de leur immeuble et de collaborer activement avec la Sécurité sociale pour sanctionner, dans des conditions juridiquement inadmissibles, les professionnels parfois malhonnêtes, parfois négligents, mais le plus souvent malchanceux, que le système a décidé de broyer pour que leur châtiment serve d'exemple aux autres.

Procuste

Ce préambule était indispensable pour vous permettre de comprendre les évènements qui se déroulent en ce moment et qui, bien plus que celui du corps médical, mettent en jeu votre destin.

A l'automne de 1993 deux des quatre syndicats médicaux « représentatifs » signent, avec les caisses d'assurance maladie, une convention qui instaure ce qu'il est convenu d'appeler « une maîtrise médicalisée des dépenses de santé ». De quoi s'agit-il ? Évidemment de tenter de faire des économies. Depuis plusieurs années, d'autres professions de santé ont signé des conventions visant le même objectif. Mais ces textes, tout en ayant une finalité identique, procèdent d'une autre méthode, celle de Procuste. Ce bandit mythologique avait la délicieuse habitude de mettre ses captifs aux dimensions du lit qu'il leur réservait. C'est ainsi que les infirmières libérales (celles qui exercent en ville) se sont vues contraintes, par la menace d'un gel prolongé de leurs tarifs, d'accepter par convention un dispositif les obligeant, au delà d'un certain nombre d'actes par an, de

1. Article L. 382 du code de la santé publique.

rendre à la Sécu l'argent perçu de leurs patients en rémunération de ces soins. Je demande au lecteur de réfléchir un instant à ce que serait sa propre réaction si son employeur lui proposait un tel « arrangement ». Lorsqu'un salarié fait des heures supplémentaires, celles-ci lui sont payées plus que les heures ordinaires. Quand un commerçant vend plus de chaussettes que l'année précédente, il ne rend pas au fabricant ce qu'il a gagné en plus. Quand un directeur de caisse d'assurance maladie rembourse, comme cela arrive chaque année, plus d'argent aux assurés sociaux, il ne voit pas son salaire amputé de la différence.

Eh bien, les infirmières libérales, elles, sont soumises à cet incroyable racket ! Il faut dire qu'elles méritent bien le sort qui leur est fait. A force de se la couler douce, dans une société où tout le monde — et surtout les fonctionnaires et les employés de la Sécu — travaille comme un forçat, elles devaient finir par attirer l'attention sur leurs privilèges. Ah ! la belle et heureuse existence que celle des infirmières libérales ! Se lever à l'aurore et parcourir les paisibles avenues de nos villes et de nos banlieues, escalader les étages, rire aux éclats en s'amusant à tirer sur la bretelle de leur sac qu'un malfrat sympathique tente de leur arracher, soulever de leurs petits bras musclés un gros monsieur alité qui ne peut plus bouger et faire ainsi la plus conviviale des gymnastiques, et recevoir en outre — alors qu'une telle suite de plaisirs mériterait qu'on paie pour en jouir — la coquette somme de 15,50 F par acte, c'est vraiment Capri et Capoue réunies.

De plus, reconnaissons-le, les infirmières libérales dérangent tout le monde. La petite vieille bien tranquille chez elle, qui ne voit personne du matin au soir, qu'a-t-elle besoin qu'on vienne l'importuner ? On ne peut donc pas la laisser se faire sa piqûre toute seule ? Ne comprend-on donc pas qu'elle n'en peut plus, cette vieille dame, qu'on vienne lui demander des nouvelles de sa santé et s'en occuper alors que personne — enfants, amis, voisins — n'oserait se permettre de telles privautés ? Oui, il était juste et nécessaire de mettre les infirmières libérales au ban de la société et de leur faire rendre gorge de tout ce bien mal acquis. On se sent fier, ami lecteur, d'appartenir à une communauté qui sait si bien honorer les vrais mérites et sanctionner sans faiblesse les conduites déviantes !

D'autres professions de santé ont également été soumises à la méthode de Procuste. Mais, étant moins méprisables, elles ont obtenu l'immense avantage de ne pas rendre le « trop perçu ». On se contente de diminuer la valeur de leurs honoraires au delà de la limite d'activité fixée par « convention ». Les biologistes, les masseurs-kinésithérapeutes, les cliniques privées bénéficient de ce traitement de faveur.

La peste ou le choléra

Restaient les médecins. Simone Veil, grande humaniste devant l'éternel, avait, pour le bien de la population et des médecins, une idée simple, belle et forte : la création de « mécanismes appropriés d'ajustement en cas de dépassement, qui garantissent le respect des objectifs quantitatifs fixés [1] ». Autrement dit la méthode de Procuste, que le dernier gouvernement socialiste avait inaugurée et que l'opposition de l'époque — à laquelle appartenait Mme Veil — avait tant fustigée. Que de promesses cette vaillante opposition n'avait-elle pas faites aux professions de santé ! Jamais, au grand jamais, elle n'appliquerait, revenue aux affaires, la « maîtrise comptable » que ces affreux socialistes mettaient en œuvre. Non, avec eux, ce serait la « maîtrise médicalisée », faite avec le concours des médecins, pour eux et, naturellement, pour leurs patients-électeurs. Joie et transfiguration : à peine installés dans les ors ministériels, les opposants d'hier revêtent le costume traditionnel du gouvernant — costume Smalto ou tailleur Chanel et, pour les châtiments, en lieu et place du traditionnel bâton noueux socialiste, canne à pommeau

1. *Le Figaro*, 30 décembre 1993.

d'argent — et mettent allègrement leurs pas dans ceux de leurs prédécesseurs. Aux « affreux socialistes » succèdent ainsi d'horribles « libéraux ».

Les médecins avaient bien observé ce qui était arrivé à leurs confrères des autres professions de santé, mais, comme d'habitude, n'y avaient pas attaché la moindre importance. Leurs syndicats entreprirent de négocier une convention avec la Sécu, sous l'œil plus que vigilant du gouvernement. Il s'agissait bien évidemment pour eux de tenter d'échapper aux « stabilisateurs automatiques », comme disent les technocrates, c'est-à-dire à la diminution des tarifs au delà d'un certain volume d'actes. Et pour cela ils étaient prêts à toutes les contorsions, à toutes les concessions. Ils s'engagèrent donc sur la voie des « références médicales », étant entendu que cette méthode devait impérativement permettre à la Sécu d'économiser 10,7 milliards dès l'année suivante.

Admirez au passage la précision du chiffre. Il ne s'agit pas d'environ dix milliards, ni d'environ onze, ni non plus de 10,8, et encore moins de 10,6. Non, c'est 10,7 ! Quand on sait que les déficits de la Sécu peuvent être supérieurs de dix, vingt ou trente milliards aux prévisions, on reste confondu que des « négociateurs » qui ne tombent pas de la dernière averse puissent se donner le ridicule d'avancer des chiffres au dixième près ! Il est vrai que personne ne prête plus la moindre attention aux comptes de la Sécu, de peur d'être pris de vertige.

Un syndicat médical a un double problème. Il lui faut bien sûr essayer de conserver ses troupes, mais surtout obtenir de la Sécu les confortables subventions qu'elle verse aux syndicats pour la « formation de leurs cadres ». Car, pas plus que la presse médicale n'a de lecteurs, les syndicats médicaux n'ont d'adhérents. Même en comptant plusieurs fois les mêmes, ils n'ont pas, tous réunis, plus de 28 000 cotisants, sur un total de 112 000 médecins libéraux. Le plus important d'entre eux, la Confédération des syndicats médicaux français (CSMF), ne dépasse pas dix mille cotisants. Ce n'est donc pas de ce que leur versent leurs maigres troupes que peuvent vivre les syndicats médicaux. Les subventions de la Sécu sont vitales. Mais pour les obtenir il faut signer la convention, puisque les subsides sont versés sous le pieux prétexte de former les représentants syndicaux à la pratique de la « vie conventionnelle ». D'où un curieux ballet, rythmé par de langoureux balancements entre les principes et les nécessités, et qui voit le signataire d'hier devenir un farouche opposant, tandis que le contempteur de naguère se mue en célébrant inspiré du culte conventionnel.

Signée en octobre 1993 par deux syndicats médicaux, la nouvelle convention instituait donc ce qu'il était convenu d'appeler la « maîtrise médicalisée » des dépenses de santé. Apparemment les médecins étaient parvenus à échapper à la « maîtrise comptable ». En réalité ils n'avaient évité la peste que pour mieux contracter le choléra et surtout — beaucoup plus grave — en contaminer leurs patients.

Flicage

La « maîtrise médicalisée » repose sur trois piliers : les références médicales opposables, le codage des actes et le dossier médical. Si ces termes vous paraissent compliqués, rassurez-vous aussitôt. Ils ne le sont qu'en apparence. Rien de scientifique dans tout cela : c'est une simple affaire de fric.

Avant de nous aventurer dans le labyrinthe où vous allez devoir vivre désormais — car n'oubliez pas que c'est surtout vous, en tant que patient, que cette sinistre affaire concerne —, un petit bréviaire vous est nécessaire. Il vous aidera à comprendre à chaque instant les véritables motifs des formalités et des obligations qui vont vous être imposées désormais.

Les références médicales, c'est le catalogue sommaire des analyses et des médicaments auxquels vous avez droit. Le codage, c'est la désignation de chaque acte médical que vous allez subir par un code manuscrit dans un premier temps, informatique ensuite. Le dossier médical, c'est le document de papier aujourd'hui, la carte à puce demain, où tous vos faits, gestes, petits et grands maux seront consignés par vos praticiens traitants, et transmis à la Sécu. En langage contemporain, on appelle cela du flicage. Et c'est sous un gouvernement « libéral » que ce dispositif a été mis en place.

Bien entendu aucun article de presse ne vous a présenté l'affaire sous cet angle, et c'est pourquoi vous ne vous êtes pas alarmé. Tout cela s'est joué entre professionnels et initiés. Les incapables majeurs que vous êtes tous n'ont pas été conviés au grand banquet des « sachants », ceux qui décident de tout pour vous.

Dans cette affaire, l'équipe gouvernementale constituée par Simone Veil et Philippe Douste-Blazy n'était pas à l'unisson. Simone Veil ne voulait pas des références médicales opposables parce qu'elle ne croyait pas qu'elles pourraient amener des économies. Philippe Douste-Blazy ne leur était pas favorable parce que, médecin, il savait qu'elles ne seraient pas scientifiquement établies. Mais il fallait absolument donner l'impression qu'on faisait quelque chose pour enrayer la dérive des comptes sociaux, et ce, si possible sans se mettre à dos les médecins dont le vote pèserait lourd à l'élection présidentielle. C'est ainsi qu'on se mit d'accord pour sacrifier... les malades.

Car c'est bien eux, n'en doutons pas, qui sont les victimes désignées du nouveau système. En moins de deux, les partenaires conventionnels, c'est-à-dire les syndicats médicaux et la Caisse nationale d'assurance maladie, gribouillèrent soixante-cinq références que les médecins auraient désormais l'obligation de respecter sous peine de sanctions financières. En voici deux exemples.

« Examens biologiques au cours de la grossesse.

Il n'y a pas lieu, chez une femme sans antécédents précis, sans facteurs de risque, sans terrain pathologique et sans signes d'appel cliniques ou biologiques, de prescrire d'autres examens que les examens rendus obligatoires par la loi. »

Suit le barême des pénalités financières infligées à votre médecin traitant s'il s'avise de soupçonner que tout ne va pas si bien pour vous et de vous prescrire des examens non prévus par la loi :

« Indice de gravité ou d'inutilité médicale : 0,5.
Incidence financière : 125.
Ce que cela vous coûterait :
1) Anomalies relevées en deux mois : 13 à 24
5 000 x 0,5 x 1,25 x 0,5 = 1 562,50 F
2) Anomalies relevées en deux mois : 25 à 36
5 000 x 0,5 x 1,25 x 1 = 3 125 F
3) Anomalies relevées en deux mois : plus de 36
5 000 x 0,5 x 1,25 x 1,5 = 4 687,50 F »

Autre référence médicale opposable :

« Examens préopératoires.

Dans le cadre de la chirurgie courante :

— hors urgence ;

— chez des patients de plus de 3 ans et de moins de 55 ans ;

— en l'absence d'antécédents pathologiques précis, de facteurs de risque, de prise de médicaments pouvant interférer avec l'anesthésie et/ou l'acte chirurgical, d'anomalies de l'examen clinique ;

Il n'y a pas lieu de faire un électrocardiogramme avant l'âge de 50 ans chez la femme. »

Le tarif des pénalités financières pour votre médecin, au cas où il estimerait ne pas devoir vous faire courir le moindre risque, est le même que dans l'exemple précédent[1].

Les malades sacrifiés

Ce système de références-punitions soulève l'indignation de la communauté scientifique médicale. Non qu'elle soit opposée à toute référence. Mais parce que dans cette affaire on a délibérément sacrifié la qualité des soins et l'intérêt des malades. Le scandale du sang contaminé n'a même pas servi de leçon. La logique

1. *Panorama du médecin,* supplément au n° 4008, 3 mai 1994.

financière et administrative continue de régner sur ce que les discours officiels osent encore appeler la « santé publique ».

Et que les ministres ne viennent pas nous dire qu'ils ne savaient pas. Ils savaient ! La preuve ? Le 21 octobre 1993, *Le Monde* publie une interview du ministre délégué à la santé, Philippe Douste-Blazy. A la question : « Acceptez-vous le principe même des références médicales opposables, c'est-à-dire pouvant entraîner le non-remboursement par la Sécurité sociale de certains actes de soins ? », le ministre répond :

« Le principe est intéressant. Encore faut-il que ces références soient effectivement médicales, c'est-à-dire scientifiquement établies au moyen de techniques d'évaluation avérées du type conférences de consensus. Pour cela, il faut absolument en confier l'élaboration à des experts qui seront associés à des praticiens — généralistes et spécialistes — de terrain. Dans cette affaire, c'est avant tout de crédibilité scientifique qu'il s'agit. C'est la condition sine qua non de la réussite. C'est aussi le seul critère permettant de rendre ces références opposables. »

Comment M. Douste-Blazy aurait-il d'ailleurs pu ne pas savoir ? Il avait entre les mains un rapport récent sur l'évaluation médicale rédigé par le Dr Jean-François Armogathe, ancien président de l'Union des associations de formation médicale continue (UNAFORMEC). Il savait que le Pr Yves Matillon, directeur de l'Agence nationale pour le développement de l'évaluation médicale (ANDEM), « estimait que cette institution ne pouvait élaborer des références opposables aux médecins [1] ». Il connaissait les déclarations du Dr Jean-François Armogathe, ci-dessus cité, au *Quotidien du médecin* :

« LE QUOTIDIEN : Dans votre rapport sur l'évaluation médicale, vous vous étiez prononcé pour l'élaboration de recommandations adaptées à la médecine ambulatoire. Comment accueillez-vous les références médicales aujourd'hui en discussion entre les caisses d'assurance maladie et les médecins ?

1. *Le Quotidien du médecin,* 23 septembre 1993.

Dr Jean-François Armogathe : Il faut être très précis dans ce domaine de l'évaluation et, surtout, ne pas confondre les recommandations et les références. Les premières sont mises au point après de longues concertations, après l'avis d'experts, des réunions, des conférences de consensus même, car l'enjeu est d'importance. Il s'agit d'aider les médecins dans leur décision et d'élaborer ainsi des stratégies diagnostiques et thérapeutiques. Les références, elles, découlent précisément de ces recommandations et doivent être élaborées à partir d'elles. Malheureusement, celles présentées par la Caisse nationale d'asurance maladie (CNAM) n'ont pas toujours suivi ce schéma.

Le Quotidien : En clair, vous reprochez à la Sécurité sociale d'avoir agi dans la précipitation ?

Dr Jean-François Armogathe : C'est l'évidence même. Les études qui ont précédé les propositions de la CNAM sur les références médicales ont été réduites a minima. Certaines références ne tiennent absolument pas compte des recommandations ; c'est le cas en particulier de celle concernant l'hypercholestérolémie, pour laquelle une ou deux "écoles de pensée" seulement ont été consultées, alors qu'une large concertation s'imposait. D'autant que les consultations des médecins dans ce domaine sont très fréquentes. (...) Mais il faut aussi s'interroger sur la qualité des soins. En particulier, est-ce que les références médicales qui, demain, seront imposées aux médecins permettront de mieux soigner pour moins cher ? Quel sera l'impact de ces références sur l'état sanitaire de toute la population ? Est-ce que les médecins pourront vraiment, sans nuire aux soins qu'ils délivrent, appliquer ces références ? (...) Sinon, c'est vrai, je crois que la qualité des soins en pâtira ; et les conséquences en seront incalculables [1]. »

Impudence

En ce même mois de septembre 1993, le journal *Le Monde*, qui dans sa rubrique sociale n'a jamais de mots

1. *Le Quotidien du médecin,* 23 septembre 1993.

assez sévères pour les médecins libéraux rendus responsables, par leurs prescriptions « abusives » et le nombre d'actes qu'ils effectuent, du déficit de la Sécu, publie — mais dans sa rubrique médicale cette fois — sous le signature du Dr Alexandra Giraud, médecin hospitalier de santé publique et auteur d'un ouvrage sur l'évaluation médicale, un article d'une extrême sévérité à l'égard de la méthode choisie par la Sécu pour imposer des références aux médecins.

Affirmant que les références « constituent la réponse médicale à un problème médical », le Dr Giraud écrit : « En effet, qu'est-ce qu'une recommandation clinique ? Il y a une quinzaine d'années que les Américains, et plus récemment les Britanniques, ont pris conscience qu'aussi bien le praticien que le décideur politique avaient besoin d'une aide à la décision pour pouvoir se déterminer de façon pertinente. Celle-ci consiste essentiellement à rendre utilisable la masse énorme d'informations qui existent sur de nombreux sujets de pathologie que personne ne semble d'accord sur la manière de traiter : l'échographie pendant la grossesse normale est-elle utile ? A partir de quel chiffre de cholestérol faut-il traiter un homme par ailleurs bien portant et quel est le bénéfice apporté par ce traitement ? C'est de cette démarche que sont nées, en 1977 aux États-Unis, sous l'impulsion des National Institutes of Health (NHS, INSERM américain), les conférences de consensus, qui visent, par une procédure décisionnelle structurée, à substituer à l'addition d'opinions individuelles contradictoires le jugement informé de la communauté scientifique sur la meilleure utilisation possible d'une technique ou d'une procédure médicale données, à un moment donné, compte tenu de l'état de la science et de l'expérience. (...) A la fin de cette procédure, on doit pouvoir disposer d'informations scientifiquement étayées sur l'efficacité théorique de la procédure étudiée, telle qu'elle ressort des essais thérapeutiques, sur ses bénéfices pour la santé par rapport à ses effets secondaires, sur son coût, sur ses avantages par rapport à ses coûts, et sur les alternatives possibles. Une référence sérieuse doit décrire les circonstances cliniques dans lesquelles la procédure étudiée doit être appliquée, ainsi que celles où elle ne doit pas l'être, et expliquer pourquoi. Elle doit préciser les qualifications exigées des praticiens appelés à la mettre en œuvre ainsi que le niveau d'intensité de soins dans lequel elle doit être appliquée (ville, hôpital, soins intensifs, etc.). Elle doit enfin citer explicitement les références et les bases scientifiques sur lesquelles ses auteurs se sont appuyés pour conclure. On comprend aisément qu'un tel processus demande des mois, sinon davantage, par problème traité. »

On le voit, la façon d'élaborer des références médicales est codifiée depuis longtemps et fait l'objet d'un large accord dans les milieux scientifiques. Mais le dieu vivant qu'est notre Sécu nationale n'a cure des cultes exotiques, plus ou moins barbares et qui ne peuvent relever que de pratiques magiques. C'est ainsi que l'ancien directeur de la CNAM, Gilles Johanet (qui n'est ni médecin ni scientifique mais énarque et socialiste, ce qui le qualifie de toute évidence pour juger de la qualité des soins), s'écrie triomphalement : « La maîtrise médicalisée servira d'exemple à tous les pays occidentaux [1] ! » Et l'un des signataires de la convention, un certain Dr Maffioli, de renchérir : « C'est un système particulièrement innovant, qui n'existe d'ailleurs nulle part hors de France [2]. » Et pour cause ! Mais ce qui devrait couvrir de honte les responsables et coupables de la mise en place de ce dispositif délétère leur donne au contraire matière à s'autocélébrer. L'impudence, en France, dans cette dernière décennie du siècle, est devenue une vertu !

Logique financière

De quoi sont-ils si fiers, ces messieurs ? De leur légèreté et de leur ignorance, si l'on en croit l'article du

1. *Impact Médecin Quotidien*, 6 avril 1994.
2. *Le Quotidien du médecin*, 7 janvier 1994.

Monde ci-dessus cité et qui juge leur comportement en ces termes : « Quand on lit dans la presse professionnelle qu'en trois mois des experts "choisis conventionnellement" auront défini des références opposables sur les vingt-quatre thèmes de pratique courante, on reste songeur. Quand on lit que, "si l'on arrive à définir quatre à cinq critères de prescription en moyenne par thème, on arrivera à cent vingt critères. Si la moitié des critères font l'objet d'un accord des experts et de la commission médicale nationale paritaire, ces critères deviendront des références médicales opposables", on reste confondu par tant de légèreté et d'ignorance. »

Car, pour l'auteur de l'article, « une recommandation de pratique clinique ne saurait être ni une recette économique ni une "norme obligatoire sous peine de sanctions". De telles formulations, pour le moins malheureuses, témoignent d'une méconnaisance totale de la nature de la pratique médicale ».

Quant aux conséquences, elles ne font pas l'ombre d'un doute : « On mélange ici deux logiques différentes : la logique clinique d'une part, la logique financière de l'autre. Cela augure mal de la qualité des soins à l'avenir [1]. »

On comprend, dans ces conditions, que le gouvernement ait hésité à approuver la convention et ses soixante-cinq références opposables. L'accord des « partenaires conventionnels » avait été conclu le 31 décembre 1993. Ce n'est que le 25 février 1994 que le gouvernement l'approuve et le 22 mars suivant que le texte paraît au *Journal officiel.* Entre-temps les ministres auront pu enregistrer les critiques de la Direction générale de la santé, « qui considérait que certaines références étaient en flagrante contradiction avec des autorisations de mise sur le marché de médicaments, et qu'il fallait, en conséquence, les reformuler [2] ».

On ne pourra pas dire au moins que ce crime contre la santé publique se sera déroulé en secret. La presse médicale expose clairement et froidement les raisons

1. *Le Monde,* 22 septembre 1993.
2. *Le Quotidien du médecin,* 21 février et 25 mars 1994.

qui ont conduit les pouvoirs publics à faire fi de toute prudence, de tout sens de leurs responsabilités. « Les ministres des affaires sociales et de la santé, Simone Veil et Philippe Douste-Blazy, n'ont pas, c'est le moins qu'on puisse dire, agréé les 65 références médicales de gaieté de cœur », écrit *Impact Médecin Quotidien*[1], qui intitule fort justement son article : « Un coup de pouce aux syndicats signataires de la convention. » On pourrait ajouter : un coup de couteau dans le dos des malades !

Une fois de plus, l'intérêt général a donc été sacrifié sur l'autel des intérêts politiques. L'effet d'annonce — 10,7 milliards d'économies — a été privilégié et les principes allègrement piétinés. « Qui oserait dire que nous travaillons en toute sérénité depuis que les références médicales opposables existent ? s'écrie un médecin généraliste. Et qu'advient-il de nos performances lorsque nous nous savons surveillés et menacés (2 500 F d'amende au minimum, est-il besoin de le rappeler) ? Car ne nous y trompons pas : au-delà de nos prétendues "erreurs économiques", c'est notre savoir qui est mis en doute ! Et il suffit de lire le fascicule de l'avenant n° 1 pour s'apercevoir que ce sont les technocrates qui nous réapprennent notre métier[2] ! »

Le flicage généralisé des médecins, qui tremblent désormais à chaque fois qu'ils ont à prescrire des médicaments ou des analyses à leurs malades, est une catastrophe de santé publique dont les conséquences humaines n'apparaîtront que peu à peu. Simone Veil et Philippe Douste-Blazy ne seront plus ministres et, même si quelqu'un devait s'aviser de rechercher leurs responsabilités de l'époque, ils se déclareraient assurément « responsables mais non coupables » et incrimineraient leurs conseillers ainsi, cela va de soi, que les médecins. Objectivement, ils n'auraient pas tort sur ce dernier point. Car rien, en principe, n'interdit à un médecin de refuser ce système. Rien, sauf le fait qu'il y perdrait sa clientèle parce que celle-ci, faisant appel à un praticien

1. 21 février 1994.
2. *Impact Médecin Quotidien,* 3 octobre 1994.

non conventionné, ne serait pas remboursée par la Sécu. Vous avez dit chantage ?

Simone Veil et Philippe Douste-Blazy peuvent dès lors entonner à toute occasion des péans en l'honneur de la Sécu. Ils auront bien mérité, eux et tous leurs prédécesseurs, de cette institution que tous les hommes politiques — tous —, dans leurs propos privés, disent mortifère et à propos de laquelle ils formulent l'interrogation rendue célèbre par Ionesco : « Comment s'en débarrasser ? »

Chantage à l'ordonnance

Les irresponsables qui nous gouvernent et les princes de la Sécu se sentent si assurés de l'impunité qu'ils ne font même pas l'effort de dissimuler leurs sales menées sous des intentions vertueuses. Voici ce qu'on peut lire dans *Impact Médecin Quotidien*[1] :

« "Mais les références médicales rapporteront-elles 10,7 milliards de francs d'économies en 1994 ?" a fait mine de s'interroger Jean-Claude Mallet. Réponse du président de la Cnam : "Si je voulais être provocateur, je dirais que cela n'a pas beaucoup d'importance." L'important, c'est "la révolution dans le corps médical qui a accepté le principe de l'évaluation". L'avis est partagé par le ministère des affaires sociales (qui a pourtant fixé cet objectif de 10,7 milliards d'économies en 1994). Le Pr André Ribet, conseiller technique, ne s'en est pas caché : "Nous n'attendons pas dans l'immédiat, pour 1994, des économies substantielles, mais des modifications de comportement. Et c'est de là que viendront les économies substantielles." Pour le président de la Cnam, ce processus est peut-être déjà enclenché : "Depuis trois mois, nous notons une inflexion des dépenses de santé de l'assurance maladie due au comportement qui a été intégré par les médecins avant même la publication du code de bonne conduite." »

1. 7 février 1994.

Tout est dit. Les références opposables n'ont pas d'autre but que de terroriser les médecins et de les faire prescrire moins. Vous observerez que des malades, il n'est pas question un seul instant dans les propos de ces importants personnages qui détiennent — en vertu de quel mandat, à la suite de quel vote, après quelle décision de votre part ? — un droit absolu sur votre santé, et donc un droit de vie et de mort.

Le médecin que vous allez voir en toute confiance n'est plus un homme libre. Il est l'objet d'un ignoble chantage à l'ordonnance. Et le plus grave, c'est que vous ne le savez pas. Peut-être vous le dira-t-il. Peut-être pas. Car il a honte. Honte de s'être laissé prendre au piège, de n'avoir pas osé dire non. De vous entraîner avec lui dans un univers glauque où vous n'avez que faire. Dans ce cabinet médical, vous croyez être seul face à votre médecin, vous lui confiez votre corps, vos secrets, vous attendez de lui qu'il vous comprenne, qu'il vous rassure, qu'il vous soigne. Mais il y a une présence étrangère, qui observe chacun des faits et gestes de votre praticien, qui pèse sur son stylo au moment où il rédige sa prescription, qui lui murmure à l'oreille d'un ton menaçant : « Pas ce médicament, pas cette analyse, ou sinon gare, tu la verseras, ton amende, et tu l'auras, ta sanction. Un petit passage devant la section des assurances sociales du conseil de l'Ordre, ça te dirait ? avec une bonne petite interdiction d'exercice pendant quelques mois ? Bien, je vois que tu deviens raisonnable, ton ordonnance est presque vide, c'est comme ça que je les aime. »

Je n'ai eu besoin d'aucune licence poétique pour imaginer ce petit dialogue entre la Sécu et votre médecin. Car voici comment s'exprime un certain Dr Benech, qui est le « patron des praticiens de la Sécu », comme le présente la presse médicale : « Je constate qu'aujourd'hui 65 références médicales opposables se trouvent validées (...) Pour chacune, un critère de gravité, de nombre d'infractions et de poids économique est arrêté. (...) Ensuite, on va devoir aller au contact des médecins libéraux pour présenter les références. C'est notre rôle, mais aussi celui des syndicats signataires. Cela se traduira par du courrier certainement, des réunions sûrement. En plus des références, on va aussi transmettre aux professionnels des recommandations. J'espère que cela sera possible d'ici la fin du mois de janvier. Enfin, on pourra donner le top à partir duquel on contrôlera si les références seront appliquées. (...) A mon sens, cette réflexion du médecin sur ce qu'il fait peut entraîner une modification des comportements de prescription peut-être plus importante que ce que l'on pouvait penser. (...) Et bien sûr on pourra enfin avoir recours aux sanctions. Mais pour moi elles n'ont d'intérêt que chez des récidivistes ou chez des professionnels qui ont un comportement d'activité ou de prescription qui n'est pas considéré comme entrant dans les données actuelles de la science [1]. »

Et ce type est médecin ! Et il parle des « données actuelles de la science », dont on a vu à quel point elles ont été bafouées lors de l'élaboration des références ! Il a fait des études où on lui a appris à soigner. Il a prêté le serment d'Hippocrate. Et comment parle-t-il ? Comme un garde-chiourme ! D'ailleurs on sent bien qu'il jouit à s'exprimer ainsi. Ah ! la belle ouvrage qu'a faite la Sécu. Parvenir à transformer un médecin en garde botté et casqué, lui donner autorité sur ses confrères, l'autoriser à les contraindre à piétiner tous les principes séculaires qui ont fait la grandeur de la médecine, oui, vraiment, seule une organisation aussi monstrueuse que la Sécu pouvait le faire !

Au service de l'ennemi

C'est dans le plus grand silence que nos humanistes professionnels — ceux qui encombrent chaque jour que Dieu fait les écrans de télévision, les ondes radiophoniques et les colonnes de journaux de leurs protestations enflammées contre toute violation des droits de la per-

---

1. *Panorama du médecin,* 10 janvier 1994.

sonne humaine survenant même à des dizaines de milliers de kilomètres — ont accueilli l'instauration du goulag médical français. En ont-ils seulement été informés ? Peut-être pas. Et même si cela a été le cas, ils se sont dit que leur médecin à eux, celui en qui ils ont confiance, ne serait pas du nombre des bagnards, parce qu'on ne pourrait pas lui faire ça à lui, parce qu'on ne pourrait pas leur faire ça à eux. Et puis parce que le bon vieux principe du mort kilométrique, qui est à la base de l'art journalistique (un mort à un kilomètre est plus important que mille morts à mille kilomètres), est appliqué en image inversée par nos humanistes professionnels.

Les colonnes de la grande presse sont restées désespérément vides. Celles de la presse médicale presque autant. Un médecin de Compiègne pourtant, en ce petit Valois qui a donné une dynastie à la France, a soulevé la lourde chape de silence qui s'est abattue sur la médecine de notre pays. Voici ce qu'il écrit.

« Révolution culturelle, la dernière convention médicale ! Sûrement, mais pas là où on le pense.

« Inscrire dans la convention médicale, texte officiel de la nation, que la promotion du médecin et l'augmentation de ses honoraires sont liées à sa réussite dans la maîtrise des dépenses de santé, c'est remettre en cause l'indépendance du médecin.

« Imagine-t-on des juges indépendants si leurs salaires étaient indexés sur le nombre d'emprisonnements prononcés, sous prétexte d'un déficit comptable des prisons ? (...).

« Le mécanisme de contrainte devient parfait lorsque les syndicats médicaux acceptent de gérer la maîtrise médicalisée, non des comportements médicaux, mais des dépenses de santé, acceptant ainsi la cogestion d'un problème économique et comptable au nom de la médecine et par les médecins. Dès lors, la France entre dans un autre système de soins, avec un autre type de médecin et de médecine : la médecine d'État.(...).

« L'histoire des sociétés est remplie de ces dérapages médicaux où la médecine, assujettie à un pouvoir, perd son indépendance d'analyse et d'action, et son éthique, pour servir de faux alibi à une politique ou à ce qu'on appelle pudiquement l'intérêt supérieur de l'État, y compris au détriment de l'individu et des droits de l'homme.

« Génétique au service du racisme, psychiatrie au service de la répression politique, avortement obligatoire au service des démographies, sida au service de la propagande, etc., tout cela n'est pas de la mythologie.

« Ce qui est nouveau, c'est que la France inscrive pour la première fois, dans un texte officiel, son orientation vers une médecine d'État[1]. »

Merci, docteur Jung. L'histoire retiendra peut-être votre nom. Quant à ceux des auteurs de ce montage liberticide, qu'on ne les oublie pas non plus. Pour les vouer aux gémonies.

Car ils savaient parfaitement ce qu'ils faisaient. Que penser de ce M. Douste-Blazy, médecin et ministre de la santé, qui avoue tranquillement qu'on punit les médecins pour des fautes qu'ils n'ont pas commises ? : « Il est bien rare qu'un médecin fasse un examen qui ne soit pas en rapport avec les stratégies diagnostiques et thérapeutiques. C'est vrai qu'il existe aujourd'hui une grande quantité d'examens qui aident le médecin à établir très vite un diagnostic. D'ailleurs il faut souvent aller vite. C'est également vrai que l'on fait beaucoup d'examens. Mais je refuse l'idée reçue qui consiste à dire que les médecins font des examens de complaisance[2]. » Alors, puisque les médecins sont innocents de ce qu'on leur reproche, pourquoi, monsieur Douste-Blazy, avez-vous apposé votre signature au bas d'un texte qui les réduit à la servitude ?

Et de ce M. Rameix, directeur de la Caisse nationale d'assurance maladie, aussi RPR que son prédécesseur, M. Johanet, était socialiste, mais énarque comme lui et donc interchangeable, qui admet sans l'ombre d'une gêne que la mise sous tutelle de la médecine française est le véritable objectif poursuivi, puisque « l'enjeu

---

1. *Impact Médecin Quotidien*, 24 novembre 1993.
2. *Le Quotidien du médecin*, 28 mars 1994.

majeur des références est d'arriver à agir sur la minorité des médecins, dont la pratique n'est pas conforme aux références[1] » ?

Et de ce Dr Maffioli, signataire de la convention, qui, tout à son enthousiasme purificateur, s'écrie : « On va enfin rendre totalement transparente l'activité médicale[2] » ?

Et de ce Dr Cabrera, autre signataire de la convention, qui menace ses confrères : « Ils vont au-devant de graves ennuis en n'appliquant pas un dispositif arrêté par la convention[3] », et qui, interrogé au cours d'un débat sur le fait de savoir si les médecins prescrivent moins par peur du gendarme, ose répondre : « Qu'importe, puisque ça marche ? » « Sous-entendu : puisque les dépenses diminuent », précise le journaliste qui rend compte de la réunion[4]. Merci, on avait compris.

Oui, que penser de ces personnages qui ont endossé le sinistre costume des ennemis de la liberté, alors qu'ils sont prêts, n'en doutons pas, le cœur sur la main, à vous faire juge de leurs pures et bonnes intentions ? Qu'en penser, sinon qu'ils n'ont pas plus d'excuses, tout médecins, ministres, énarques ou syndicalistes qu'ils soient, que ces responsables qui, au plus fort d'une guerre, se mettent au service de l'ennemi et oublient que ce que leur pays attend d'eux, c'est qu'ils soient porteurs du plus haut message de sa civilisation et non du pire ?

Trente secondes au « vingt heures »

Les médecins dûment muselés, il reste à s'occuper des patients. C'est là qu'intervient la création du dossier médical, avec son indispensable complément — son interface, comme on dit en informatique —, le codage des actes.

1. *Le Quotidien du médecin,* 28 avril 1994.
2. *Ibid.,* 7 janvier 1994.
3. *Ibid.,* 23 février 1994.
4. *Ibid.,* 3 octobre 1994.

Naturellement, ce nouvel instrument coercitif est présenté comme un outil de santé publique permettant de procéder à des études épidémiologiques, et comme le moyen de réduire les examens inutilement répétitifs et ce qu'il est convenu d'appeler le « nomadisme médical », c'est-à-dire l'habitude prise par certains patients de consulter médecin sur médecin. Cela, c'est la version « ad usum delphini ». La vérité est toute différente.

Le dossier médical n'a pas d'autre but que le flicage des patients par la Sécu. Cette institution maléfique ne sera pas satisfaite tant qu'elle n'aura pas mis tous les Français en carte à puce, qu'elle ne saura pas à chaque instant de quelles maladies ils souffrent, quels médecins ils consultent, quels médicaments ils prennent, de façon à pouvoir décider à leur place s'ils sont de bons assurés sociaux ou s'il ne convient pas de les sanctionner pour leur comportement déviant.

Bien entendu, vous ne croyez pas un mot de ce que vous venez de lire. Si c'était vrai, pensez-vous, les journaux et la télévision en parleraient abondamment et provoqueraient un grand débat national. Permettez-moi de vous répondre que les journaux et la télévision ne parlent jamais de ce qui pourrait donner lieu à une véritable controverse de nature à provoquer de véritables changements dans le pays. Les journaux d'opinion ont d'ailleurs disparu du paysage médiatique français, et, en même temps qu'eux, comme il se doit, l'opinion publique. Je m'entretenais récemment avec le sympathique spécialiste social d'une grande chaîne de télévision. Je lui exprimais mon regret de n'y jamais voir traité, sauf de façon anecdotique ou superficiellement scandaleuse, le problème, pourtant essentiel au regard des libertés individuelles, de l'avenir de la protection sociale, et notamment des alternatives au monopole de la Sécu. Il me répondit qu'il ferait son possible pour « vendre » le sujet à sa rédaction en chef, par exemple à l'occasion de l'annonce du prochain déficit de la Sécu, mais qu'il ne fallait pas espérer plus d'une minute trente au « treize heures » — dont quarante-cinq secondes d'interview du ministre — et trente secondes au « vingt heures ». Je lui exprimai mes sentiments de profonde commisération pour l'affreux métier qu'il était contraint de faire, alors qu'il venait de m'exposer, en quelques analyses fort bien conduites, son excellente connaissance du sujet.

Y a-t-il donc un complot pour ne pas parler aux Français de ce qui ne les intéresse peut-être pas dans l'instant, mais qui les concerne assurément ? Je ne le pense pas. D'abord parce que je ne crois guère aux complots. Certes il y en a. La plupart sont l'œuvre d'authentiques branquignols [1]. Plus fort que tous les complots réunis est le goût de l'abandon qui, par périodes, saisit un peuple et le pousse à l'abîme. Pour peu qu'il ne trouve personne en son sein pour faire obstacle de son corps au glissement général, sa perte est certaine. Nous vivons en France, aujourd'hui, une telle occurrence. La démission des élites est patente. Toutes, ou presque, plaident l'acquittement des faiblesses. Toutes, ou presque, vivent confortablement le malheur général, parce qu'il y a de la jouissance à regarder tomber la pluie quand on est du bon côté du carreau. Et tout le monde, ou presque, s'accommode du sommaire du « vingt heures », parce qu'il y a de la jouissance aussi à se vautrer dans l'irréflexion.

La Stasi pour modèle

A compter du 1er janvier 1995, tout Français s'adressant à un médecin sera donc mis en fiche. Soyons clair. Quand vous allez consulter un praticien pour la première fois, celui-ci ouvre toujours — ou presque — un dossier à votre nom. Bien qu'il n'ait aucune obligation légale de le faire, il est de bonne pratique qu'il dispose de votre identité, votre adresse, votre âge, et qu'il inscrive, dans la perspective de consultations ultérieu-

1. Je ne vise évidemment pas la joyeuse équipe de Robert Dhéry qui fit rire la France des trente glorieuses, après que ses inspirateurs d'outre-Atlantique eurent fait de même dans l'Amérique des années quarante.

res, les constatations médicales qu'il aura faites et le traitement prescrit. Une enquête menée par l'Ordre national des médecins indique d'ailleurs que 90 % des praticiens tiennent systématiquement un dossier [1]. Pourquoi donc rendre obligatoire ce qui est déjà pratiqué ? Tout simplement parce qu'au dossier tenu et conservé par le médecin va s'en ajouter un autre, qui en sera la copie — le « reflet », comme l'ont appelé, dans un brusque accès de poésie, les signataires de la convention —, qui sera remis au patient et que celui-ci devra désormais présenter en toute circonstance, qu'il se rende chez son médecin ou chez un autre, ou lorqu'il demande un remboursement à la Sécu. Chaque acte médical, chaque prescription, chaque prestation remboursée figurera sur ce document qui sera dans un premier temps en papier avant de devenir une carte à puce. A terme, la mise en carte informatique de la population française est bel et bien l'objectif proclamé de ces dispositions. Le passage par le stade papier n'est en rien un sursis accordé à vos libertés. Il n'est pas dû à une hésitation ou une inquiétude du gouvernement, mais à l'incapacité où s'est toujours trouvée la Sécu d'utiliser convenablement l'informatique.

La Cour des comptes a stigmatisé bien des fois les « coulages » incroyables survenus lors des divers plans d'informatisation des caisses d'assurance maladie et elle peut se préparer à noircir encore beaucoup de papier à ce sujet. Car le système de type analogique que tente actuellement de développer la Sécu est d'ores et déjà dépassé. En effet le monde est entré dans l'ère du « sans fil ». Tous les grands de l'informatique investissent des milliards dans la téléphonie cellulaire numérique et la mise au point de puissants hybrides, à la fois téléphone, ordinateur et télécopieur, capables de transmettre ou de recevoir des données par voie hertzienne et en instantané. Pendant ce temps, la Sécu prépare l'avant-dernière guerre. « Rigole pas, disait Coluche, c'est ton pognon ! »

---

1. *Le Quotidien du médecin*, 9 septembre 1994.

Il est grave de devoir mettre ses espoirs dans la maladresse et le gâchis financier qui caractérisent cette institution « que le monde entier nous envie ». Mais ne nous réjouissons pas trop vite. Quel que soit le prix à payer, la Sécu, si on ne l'arrête pas, fliquera au bout du compte toute la société française, et chacun d'entre nous sera doté d'un dossier.

A mesure que s'ouvrent au public les archives de la police de l'ancienne Allemagne de l'Est — la sinistre Stasi — on découvre avec horreur que chaque citoyen de ce malheureux pays était fiché. La Sécu est en train de commettre le même crime contre l'humanité sans que personne hormis nous — et bien sûr vous, après la lecture de ces lignes — ne s'en indigne.

Un as de la calculette

La première étape du flicage généralisé vient de s'ouvrir. « Bénéficiaires » initiaux du dossier médical, les personnes âgées de plus de 70 ans et souffrant d'au moins deux pathologies[1], ce qui représente environ 5 millions de personnes. Pourquoi n'avoir pas étendu d'emblée l'usage du dossier à l'ensemble de la population ? Le ministre de la santé, Philippe Douste-Blazy, donne une explication tout en douceur et en nuances : « Le dossier médical sera étendu progressivement. Simplement, on commence par le réserver à un certain nombre de gens seulement. C'est la meilleure solution pour réussir. Il ne faut pas aller trop vite au départ. Sinon cela risque de mal se passer, il peut y avoir un effet important de bureaucratie. Il faut une extension du dossier médical. Simplement, il ne faut pas voir trop grand tout de suite pour ne pas abîmer le concept[2]. »

Tu parles ! La vraie raison de ce début « timide » est purement financière. Pour tenir le dossier, le médecin touchera 210 F par an, à l'occasion d'une « consultation

1. Mais, même si elles viennent à guérir de l'une des deux, on ne les privera pas de leur précieux carnet.
2. *Panorama du médecin,* 7 février 1994.

de synthèse », ce qui coûtera à la Sécu un bon milliard de francs. Tout à son souci déontologique, un des médecins signataires, nommé Chassang, a déjà fait son estimation : le dossier « permettra aux généralistes d'augmenter leurs revenus de 20 000 F par an en moyenne [1] ». En fait, il s'est trompé sur le nombre de patients concernés. Quelques jours plus tard, il retourne voir le bon Dr Douste-Blazy, et « ce second rendez-vous lui apprend que le nombre de personnes âgées de plus de 70 ans, visées par le dossier médical, n'est plus de 3 millions, mais de 6. Le chiffre a doublé en l'espace de deux jours ! Michel Chassang n'en perd pas le nord pour autant. Calculette en main, il annonce que la gestion du dossier rapportera au généraliste non plus 20 000 F par an, mais 40 000 F [2]. » Fameux calculateur, ce Chassang. Il ne lui est pas venu à l'idée qu'une simple opération mentale lui aurait permis de savoir qu'avec deux fois plus de patients, il gagnerait deux fois plus. Ah ! les ravages de la calculette ! Elle vous transforme un humaniste en comptable !

Vous voilà fixés en tout cas sur le prix de votre liberté et sur le cas qu'en font les représentants des syndicats médicaux.

Notre as de la calculette n'en finit d'ailleurs pas de jouer avec sa précieuse petite machine et, naturellement, en ces temps où l'exclusion est devenue à notre société ce que la lèpre était à celle du Moyen Âge, il fait vibrer la corde sensible : « Les carnets et dossiers médicaux, c'est-à-dire le dispositif de suivi médical, n'ont d'intérêt que s'ils sont généralisés à l'ensemble de la population. S'ils devaient rester tels qu'ils sont aujourd'hui, ils n'auraient aucun intérêt, et risqueraient même d'être nocifs car ils établiraient une ségrégation injuste entre les gens dotés d'un dossier et ceux qui en sont dispensés [3]. » Ah oui, alors ! Ce serait trop injuste ! Vivement un dossier pour tous ! On l'embrasserait, ce bon Dr Chassang, de tant nous aimer !

1. *Le Quotidien du médecin,* 7 février 1994.
2. *Panorama du médecin,* 14 février 1994.
3. *Impact Médecin Quotidien,* 28 septembre 1994.

Les comptes ne sont pas terminés. Pour mieux encadrer les médecins, la Sécu et le gouvernement ont imaginé de les regrouper en « unions professionnelles » régionales. Celles-ci ont pour mission d'étudier les informations résultant du codage des actes et que la Sécu doit leur transmettre « aux fins d'évaluation et de contrôle de l'activité des professionnels ».

Les médecins ont donc élu, à la fin du printemps 1994, leurs représentants à ces « unions professionnelles », autrement dit quelque chose comme des « kapos ». Et les malheureux praticiens de base, non contents d'être fliqués par leurs propres confrères, vont devoir en plus payer pour profiter de ce grand bonheur : 760 F par an[1] ! Toute peine méritant salaire, les élus aux « unions professionnelles » ne se déplaceront pas pour rien, puisqu'ils toucheront 600 F par demi-journée (l'équivalent de 25 000 F par mois). En ces temps de vaches maigres pour la médecine, voilà qui mettra un peu de beurre dans les épinards des syndicalistes médicaux.

Oublié dans le métro

Et le secret médical dans tout ça ? Eh bien, il ne va plus en rester grand-chose. Il n'existait déjà plus, jusqu'à présent, qu'en principe beaucoup plus qu'en fait. Certes votre médecin n'ira dire à personne la maladie dont vous souffrez. Mais il vous remet une feuille de soins et une ordonnance et vous envoyez le tout à la Sécu pour vous faire rembourser. Ce qui veut dire que le moindre guichetier de notre noble institution nationale, à la simple considération des médicaments qui vous sont prescrits ou de la spécialité éventuelle de votre praticien, sait pratiquement ce que vous avez. Mais c'est de votre faute ! Car c'est vous qui avez transmis ces documents à la Sécu, et dès lors que la révélation est le fait de la personne concernée, il n'y a plus de violation

1. Et ce n'est qu'un début, car la somme est indexée sur le plafond annuel de la Sécurité sociale, régulièrement revalorisé.

du secret médical. C'est l'astuce retenue par nos juridictions pour permettre ce qui est interdit. On ne compte plus les jurisprudences de ce type, qui ont annulé les unes après les autres les garanties essentielles que le droit français accorde à l'individu, au pieux motif que leur suppression se faisait dans un but « social ».

Car qui peut penser un seul instant que la production de documents médicaux, même plus ou moins codés, à un service administratif est conforme à la règle absolue du secret médical ? Et qui peut accepter l'idée que c'est de son propre chef, de sa propre volonté, que le patient adresse le libellé de ses secrets intimes à la Sécu, alors qu'on lui prélève autoritairement de l'argent pour l'assurer auprès de cet organisme monopolistique et que, s'il ne lui envoie pas sa feuille et son ordonnance, il n'est pas remboursé ?

Avec le carnet médical, on franchit une étape de plus. « Que se passe-t-il si on oublie son carnet dans le train ou dans le métro ? N'importe qui peut alors savoir que telle personne est atteinte de telles maladies », fait remarquer l'Ordre national des médecins de sa voix flûtée [1], non sans avoir rendu hommage, par la voix de son président, le Pr Bernard Glorion, à ce nouvel instrument de coercition dont « le principe est intéressant non seulement économiquement, mais également médicalement, puisqu'il permet l'efficacité et la continuité des soins [2] ».

Pour rien au monde, l'Ordre des médecins ne prendrait une position tranchée, conforme à sa mission de défense des grands principes d'indépendance et de liberté. Il sait trop ce qu'il risquerait de lui en coûter. Sa suppression est dans l'air depuis que François Mitterrand l'avait fait figurer dans ses cent dix propositions, à l'occasion de l'élection présidentielle de 1981. Le fait qu'il ait été créé par le gouvernement de Vichy n'est qu'un argument d'estrade. Car c'est d'une ordonnance du 24 septembre 1945, prise par le gouvernement de la Libération donc, qu'il tient son existence actuelle. En

1. *Le Quotidien du médecin*, 28 septembre 1994.
2. *Ibid.*, 13 septembre 1994.

réalité l'existence de l'Ordre n'est menacée que par son incapacité à assurer une véritable représentation des médecins. La déferlante « sociale » a balayé les grands principes que l'Ordre avait pour mission de défendre et de faire appliquer. S'il avait dressé sa stature contre les dérives collectivistes et déshumanisantes de la législation, celle-ci eût été contrainte d'en tenir compte et de modérer ses prétentions, tandis que les médecins, conscients d'être défendus moralement, se seraient reconnus en lui. Faute d'en avoir été capable, l'Ordre se survit petitement, et ce ne sont pas les ors dans lesquels il abrite ses discrètes et obscures délibérations qui le protégeront longtemps de la rouille. Qui d'ailleurs l'écoute encore ?

Quand il s'agit d'éthique, on nomme un comité. Quand il s'agit des principes de l'exercice médical, on « consulte » vaguement l'Ordre et on fait ce qu'on veut.

Appétits

Le dossier médical n'était pas en service qu'il suscitait déjà des appétits chez d'autres professions de santé. C'est ainsi que la présidente de la Fédération des syndicats pharmaceutiques se portait volontaire, avec ses confrères, pour « aider les pouvoirs publics à faire d'importantes économies. Si nous avions accès au dossier médical des patients, par exemple, nous pourrions vérifier les prescriptions médicalement utiles, surveiller l'observance du traitement, les surdosages, etc. Tout cela pourrait dissuader les médecins de trop prescrire sous la pression des malades[1]. » Trop désintéressée pour aborder des problèmes bassement matériels, la présidente des pharmaciens ne précise pas si les interventions des potards sur le carnet seront gratuites ou si l'on pourrait envisager un petit honoraire de « synthèse », comme pour les médecins. Opposé à la convention et au carnet médical, le Dr Bouton, président d'un

1. *Le Quotidien du médecin,* 15 mars 1994.

syndicat de médecins généralistes, note, non sans raison, qu'« à partir du moment où on a admis le principe du dossier médical, ne nous étonnons pas du fait que chacun veuille y mettre son grain de sel. Tout le monde, pharmaciens, infirmières, masseurs-kinésithérapeutes, va demander à avoir accès à ce carnet matériellement accessible à tous, et même si la loi ne les y autorise pas [1]. » Enfin un défenseur des libertés, vous dites-vous ! Hélas, hélas, hélas ! Ce Dr Bouton, qui déteste si fort la convention et son carnet médical, en veut une qui vous interdirait d'aller voir un médecin spécialiste de votre propre initiative et vous imposerait de passer d'abord par un généraliste. Sinon, pas de remboursement pour vous chez le spécialiste ! Décidément, chez les syndicalistes médicaux, pas un ne rachète l'autre [2].

Mauvais bergers

Ce jugement sévère sur les syndicats médicaux vaut, dans les mêmes termes, pour les ministres. Simone Veil et Philippe Douste-Blazy — tout comme leurs prédécesseurs qui ne portent pas le même nom mais qui leur ressemblent dans la mine, le propos et l'action au point qu'on se demande si tous ces gens ne sont pas parents — n'ont jamais un mot pour les malades. Ce ne sont, pour eux, que prétextes à dépenses. Et l'on ne peut pas prendre un seul instant au sérieux leurs vertueuses protestations. Le carnet médical ? « Il y va de la santé publique et de l'intérêt du patient, s'écrie Simone Veil. Le dossier permet d'éviter la redondance d'examens ou de prescriptions et les interactions médicamenteuses. Il limitera le nomadisme. » Et, comme les aspects humains ne doivent jamais être absents d'une déclaration minis-

1. *Le Quotidien du médecin,* 15 mars 1994.
2. Faisons une exception toutefois pour la Fédération des médecins de France, qui tente, avec plus ou moins de bonheur, de faire prévaloir une vision libérale des rapports médico-sociaux, dans la ligne de son fondateur, le Dr Pierre Belot, dont la disparition a été une grande perte pour les défenseurs de l'humanisme médical.

térielle, Mme Veil ajoute : « Mais l'économie qu'il représente pour l'assurance maladie est difficile à évaluer [1]. » Et son compère Douste-Blazy de répéter : « Il y a là, à l'évidence, une source d'économies. Cela dit, quantifier avec précision leur montant est impossible [2]. » Impossible ? Alors pourquoi avoir bassiné l'opinion publique avec les fameux 10,7 milliards de francs qu'on allait faire gagner à la Sécu grâce à ce mirobolant dispositif ? Mais qu'est-ce que c'est que ces ministres de la République qui osent mentir effrontément à l'opinion sans que jamais la moindre sanction ne leur soit appliquée ? Ce pays est-il devenu fou, qui se confie à d'aussi peu sûrs bergers ?

Et qui plus est, ce qu'ils disent est parole d'évangile. La presse moutonnière reproduit leurs propos sans un mot de critique. Il n'est pas jusqu'à l'ineffable Jean-Claude Delarue, qui se présente comme le président d'une « Association des usagers de l'administration [3] », qui n'y aille de son petit couplet appris par cœur, psalmodiant que le carnet médical « devrait permettre de freiner le nomadisme médical et d'éviter les prescriptions redondantes [4] ».

Qu'en sait-il, ce Delarue ? Rien, évidemment. Il répète ce que les ministres ont dit, et cela lui vaut la considération des médias. Le PIF (paysage informatif français) est ainsi limité à quelques dizaines de personnages se disant les uns ministres, les autres journalistes, d'autres enfin personnalités représentatives et qui, du matin au soir et du soir au matin, chaque jour que Dieu fait, parlent à votre place, vous disent ce qui est bon pour vous, ce qui est mauvais, ce qu'il faut rechercher, ce qu'il faut craindre, les gens qu'il faut aimer, les gens qu'il faut détester, et qui vous laissent au bord de l'épuisement et de la nausée sur le canapé où vous être vautré, face à votre chère télévision, entre l'assoupissement et le vrai sommeil, la bouche pâteuse, la lippe pendante,

1. *Le Quotidien du médecin,* 1er septembre 1994.
2. *Impact Médecin Quotidien,* 1er septembre 1994.
3. « Usagés », aurait écrit Émile Ajar-Romain Gary.
4. *Impact Médecin Quotidien,* 21 juin 1994.

dans l'attitude en somme du démocrate des temps modernes.

Nomadisme

Mais au fait, ce fameux « nomadisme médical », qui est manifestement la cause du déficit permanent de la Sécu, en quoi consiste-t-il au juste ? Quand on interroge le ministre Douste-Blazy, voici ce qu'il répond : ce sont « des personnes qui consultent systématiquement trois, quatre médecins, voire plus [1] ». A bien écouter le ministre, on est cependant pris d'un sentiment de malaise. Car enfin, pourquoi ajoute-t-il aussitôt : « Or cela ne correspond heureusement qu'à une faible partie des patients » ? Aurait-il le vague sentiment de n'être pas tout à fait honnête en faisant reposer sa politique de santé sur des affirmations pour le moins douteuses ? Serait-il déjà secrètement honteux du vilain rôle que la politique fait jouer au médecin qu'il est et dont il portera la responsabilité face au jugement de l'histoire des sociétés ?

En réalité, Douste-Blazy, Veil, les princes de la Sécu et tous les journalistes spécialisés savent que le « nomadisme médical » est une foutaise, et que la véritable cause du gâchis est à chercher ailleurs, dans la structure du système et non dans tel ou tel phénomène marginal.

La preuve en a été apportée par la Sécu elle-même. D'une enquête effectuée par la Caisse nationale d'assurance maladie [2], il ressort qu'au cours de l'année de référence (1990) 63 % des malades n'avaient consulté qu'un seul généraliste, 26 % en avaient vu deux et 10 % trois. N'oublions pas que l'enquête ne porte que sur des patients ayant consulté et non pas sur la totalité des assurés sociaux. Il n'y a rien d'étonnant ni de scandaleux à ce qu'on aille voir un médecin quand on ne se sent pas bien, et les Français sont raisonnables et disci-

1. *Impact Médecin Quotidien,* 1er septembre 1994.
2. Dossier n° 21 : « Quelques aspects du nomadisme de la clientèle des omnipraticiens ».

plinés au point que nombre d'entre eux s'abstiennent de consulter quand ils sont en bonne santé. Cependant sur les 17 985 assurés sociaux de l'enquête qui s'étaient trouvés dans l'obligation de voir un médecin, le tiers environ avait dû consulter plus d'une fois. Pourquoi ces mauvais Français avaient-ils adopté une conduite déviante ?

« La caisse a plus particulièrement étudié les comportements des patients qui avaient eu recours à deux médecins en 1990. Dans la majorité des cas, note-t-elle, les malades ont consulté les omnipraticiens dans un délai très court, et l'un des deux médecins s'est alors le plus souvent (55,8 % des cas) déplacé au chevet du malade. A noter aussi que plus de 10 % des malades étudiés ont eu recours à l'un des deux médecins un dimanche ou un jour férié. On peut donc penser que ces patients ont appelé le médecin de garde, alors que leur praticien habituel était absent. De même, dans 20 % des cas, la distance entre les cabinets des deux omnipraticiens est telle que l'on peut conclure sans risque d'erreur que c'est un déplacement important (vacances notamment) qui a empêché le patient de consulter son médecin habituel. Mais ce n'est pas le cas, évidemment, des patients qui consultent deux médecins le même jour : ils sont 13 % dans ce cas. Un pourcentage qui est loin d'être négligeable. Cependant, il faut nuancer cette statistique et savoir que, lorsque le délai séparant les deux actes est inférieur ou égal à trois jours, “nettement plus de la moitié des malades ont reçu une visite de l'un au moins des deux omnipraticiens”. L'appel à un autre médecin peut ainsi avoir été provoqué par l'indisponibilité du médecin traitant [1]. »

Ouf ! Nous voilà rassurés sur la santé mentale des Français — et sur la qualité de leurs médecins. Quand un patient va voir son médecin, il se contente le plus souvent d'une seule consultation, qui suffit à le rassurer ou à le remettre sur pied. Quand il y va deux fois, ou même trois, ce qui est rare, c'est presque toujours parce

1. *Le Quotidien du médecin,* 15 février 1993.

qu'il ne se sent décidément pas bien, qu'il est en vacances ou que son médecin habituel est absent. Et alors, ce fameux « nomadisme médical », qu'en reste-t-il ? Eh bien, il reste un petit pourcentage de patients (10 % environ) qui consultent en effet, dans un délai très court, à la fois un médecin généraliste et un praticien à « mode d'exercice particulier-MEP » (acupuncteur, homéopathe, angéiologue, phlébologue). Dans ce cas, commente la Caisse nationale d'assurance maladie, « le mode d'exercice particulier pratiqué par le médecin semble justifier aux yeux du malade le recours à deux thérapeutiques différentes [1] ».

Pauvre France

Voilà complètement dégonflée la baudruche du « nomadisme médical », puisque même les plus récalcitrants aux normes, les irréductibles, ceux qui poursuivent de leur impitoyable vindicte les précieux comptes de la Sécu, ne font rien d'autre que de tenter, contre tout civisme, de se soigner et de guérir afin de reprendre une vie normale et un rôle actif dans la société !

Et c'est à ce motif qu'on vient de mettre en place en France, avec la bénédiction de la plus forte majorité parlementaire libérale que l'Assemblée nationale ait comptée depuis des décennies, sous la houlette de M. Balladur, Mme Veil, M. Douste-Blazy, choisis par la droite pour établir une société libérale, dans l'assourdissant silence des penseurs humanistes et des défenseurs des droits de l'homme, un système d'encadrement des médecins et des patients qui n'a rien à envier aux univers totalitaires dont l'effondrement n'a pas même été remarqué en France, tant il est vrai qu'il n'est de vérité éternelle qu'hexagonale et que le Français ne se sent bien dans sa peau que s'il peut se bercer du sentiment que le monde entier lui porte de l'envie. Pauvre France !

---

1. *Le Quotidien du médecin,* 15 février 1993.

CHAPITRE IV

Une sacrée migraine !

L'espérance de vie des Français augmente actuellement d'un trimestre par an. C'est dire qu'ils ne se sont jamais mieux portés. On peut y voir les effets de l'amélioration du mode de vie — contrairement à une idée très répandue, la vie en ville n'a aucun effet négatif sur la longévité — et de la qualité des soins qu'ils reçoivent. La deuxième moitié du vingtième siècle aura été marquée par d'extraordinaires progrès médicaux et parmi ceux-ci l'apparition de médicaments d'une efficacité jamais vue. Or, à entendre les autorités ministérielles et sociales, c'est du médicament, ce pelé, ce galeux, que viendrait tout le mal de la Sécu. L'œil rivé sur les comptes, ces gens, qui se sont institués gardiens de notre santé sans que nous leur ayons jamais rien demandé, nous font la morale et lancent, à nos frais, des « campagnes de bon usage du médicament[1] ».

Les Français seraient-ils devenus fous, au point d'avaler des tonnes de comprimés sans nécessité ? En tout cas, ils ne sont sûrement pas très heureux ni sereins, puisqu'ils sont en tête de la consommation mondiale de psychotropes (antidépresseurs, tranquillisants, somnifères et calmants). C'est à se demander si notre chère Sécu, qui paraît-il est un des fondements du bonheur national, rassure nos compatriotes ou produit l'effet inverse.

---

1. Coût de la dernière : 26 millions de francs.

Le moins cher du monde

Comment se fait-il que les Français ressentent autant d'angoisse, alors que la Sécu est censée leur garantir santé et vieillesse heureuse ? En vérité, l'homme ne se nourrit pas que de pain. Ni non plus que de prestations sociales.

Qu'il y ait des prescriptions parfois excessives de médicaments et du gâchis, c'est l'évidence même. Mais, pas plus que le « nomadisme médical », ces facteurs ne pèsent réellement sur les comptes sociaux. En 1993, l'assurance maladie a remboursé 55 milliards de francs au titre de la pharmacie, soit environ 13 % de ses dépenses totales. La part relative du médicament dans les dépenses de santé n'a cessé de décroître, passant de 22 % du total en 1960 à 19,7 % en 1970 et à son étiage actuel de 13,4 %, tandis qu'au cours des vingt dernières années les frais d'hospitalisation passaient de 35,9 % à 53,9 % du budget de l'assurance maladie. En 1992, la pharmacie représentait 2,6 % des dépenses des ménages, contre 13 % pour l'automobile, 7,8 % pour les loisirs et la culture, 1,5 % pour les jeux de hasard et 1 % pour le tabac [1].

Intoxiqués par la propagande officielle, les Français sont 84,2 % à considérer qu'on absorbe trop de médicaments dans notre pays. « Mais quand on les interroge sur leur propre comportement en la matière, ils ne sont plus que 9,8 % à le juger abusif [2]. » Certains seront peut-être tentés de voir, dans ces résultats, une manifestation de plus de l'idée selon laquelle c'est toujours l'autre qui abuse. En fait, si l'immense majorité des Français ont le sentiment de ne pas abuser, en ce qui les concerne, des médicaments, c'est parce qu'ils n'en abusent pas. Personne ne prend de médicaments par plaisir. Même si dans beaucoup de cas la gratuité engendre le gaspillage, celui-ci ne représente qu'une goutte d'eau dans l'océan

1. « Carte verte 1993 sur l'industrie du médicament, » éditée par Recherche et Santé.

2. « Baromètre du Comité français d'éducation pour la santé », dans *Panorama du médecin*, 14 février 1994.

des bienfaits thérapeutiques de la pharmacologie moderne.

La rage antimédicamenteuse des gouvernants et des princes de la Sécu tient à une cause simple : leur système ne marche plus. Ils prétendent nous garantir la santé gratuite ou presque, et pour cela sont obligés de nous demander chaque année plus d'argent, tout en réduisant chaque année aussi nos remboursements. Du coup ils ont peur — une peur panique — de notre colère. Il leur faut alors des boucs émissaires : le corps médical, cela va de soi, mais aussi, et c'est beaucoup plus subtil, les assurés sociaux eux-mêmes, qu'il faut culpabiliser pour leurs comportements déviants. Et ces crétins d'assurés sociaux marchent comme un seul homme dans la vilaine combine de leurs « chefs ». Pour un peu, ils en viendraient à se suicider sur le parvis de la tour Héron, ce building de Montparnasse où trônent les princes de la Sécu, afin de ne plus infliger à leurs bienfaiteurs de condamnables exigences qui pourraient mettre en péril l'institution-que-le-monde-entier-nous-envie.

Le plus fort de l'histoire est que le médicament français est un des moins chers du monde. Si l'on prend pour base 100 la moyenne des prix publics des médicaments dans l'Union européenne, le prix français s'établit à 72, contre 117 au Royaume-Uni, 127 en Allemagne et 133 aux Pays-Bas [1]. Et si l'on chiffre la consommation annuelle de médicaments par habitant, on découvre que le Français dépense 115,4 dollars, contre 121,2 l'Américain, 127 l'Allemand et 218,1 le Japonais [2].

Froid aux pieds

Imaginez un grand fabricant français de chaussettes. Ses produits sont bons, le public les achète, et il en vend également beaucoup à l'exportation. Or voilà qu'un groupe d'experts gouvernementaux en santé publique vient de s'aviser que, les gens prenant souvent froid par

---

1. *La Tribune Desfossés*, 11 février 1994.
2. Eurostaf Dafsa : *Les laboratoires pharmaceutiques*, 1989.

les pieds, il serait souhaitable de faciliter à chacun le port de chaussettes en les remboursant aux consommateurs. Convoqué au ministère, notre fabricant s'entend dire qu'en contrepartie du formidable marché qui va lui être offert il va devoir revoir ses prix à la baisse et que ceux-ci seront désormais fixés par le gouvernement. L'industriel aura beau dire qu'il n'est pas demandeur d'un autre marché que celui qu'il peut conquérir par ses propres moyens et la compétitivité de ses chaussettes, rien n'y fera. Quand un technocrate a une idée, elle est forcément bonne, sinon, il ne serait pas technocrate. D'ailleurs le public est emballé par la novation qu'on lui offre et il bénit ses gouvernants qui lui veulent tant de bien. Un budget public est donc consacré aux chaussettes et on le révise évidemment chaque année. Les pouvoirs publics ne tardent pas à s'apercevoir que les sommes affectées à ce poste budgétaire croissent dans des proportions alarmantes.

C'est que les Français, dont les conditions de vie et de confort s'améliorent, au lieu de faire durer leurs chaussettes en les reprisant, comme par le passé, en achètent de plus en plus et n'hésitent pas, pour des motifs d'élégance, à orner leurs pieds de modèles de plus en plus variés et chatoyants. Et pourquoi s'en priveraient-ils puisque ces achats leur sont remboursés et qu'en outre c'est pour le bien de leur santé, comme le gouvernement n'a pas cessé de le leur répéter ? Au bout de quelques années, c'est la crise financière. Le pouvoir décide de restreindre les remboursements ainsi que les prix du fabricant. Celui-ci essaye de faire des économies de gestion, mais cet effort trouve vite ses limites. Il restreint ses investissements, diminue ses dépenses de recherche. Du coup, ses produits vieillissent et ne trouvent plus preneurs. La concurrence internationale, libre de tout assujettissement politique, ne tarde pas à lui tailler des croupières et finit par l'éliminer de son propre marché national.

Si vous allez raconter cette histoire à n'importe quel homme politique de vos relations et que vous lui affirmez que ces évènements se déroulent dans la France d'aujourd'hui, il vous rira au nez. Et pourtant c'est bien ainsi qu'est traitée l'industrie pharmaceutique. La raison de cette folie économique, de ce délire technocratique est fort simple : le médicament ne doit pas coûter plus cher que la Sécu ne peut le rembourser.

Quand l'ensemble de l'économie française était soumis au contrôle des prix, on pouvait admettre que l'imbécillité ne connût pas d'exception. Mais si l'on songe que depuis 1986 les prix ont été libérés en France et qu'on continue à bloquer ceux des activités de santé, et parmi elles l'industrie pharmaceutique, on se dit que notre pays est tombé sur la tête. Il est en fait malade de la Sécu.

Le fourre-tout de Balladur

La façon dont les politiques se sont arrangés pour garder un strict contrôle étatique sur la santé mérite d'être contée. Dans sa plate-forme commune, rédigée à l'occasion des élections législatives de mars 1986, l'opposition RPR-UDF s'était engagée à abroger l'ordonnance de 1945 qui instituait le contrôle des prix. Ce qui fut fait par l'ordonnance du 1er décembre 1986. La liberté des prix était donc rétablie en France à quelques exceptions près, parmi lesquelles les honoraires des professions de santé et les prix des médicaments. Ces exceptions ne figuraient nullement dans le programme électoral de l'opposition. C'est la raison pour laquelle l'article 61 de l'ordonnance du 1er décembre 1986 précisait que les prix demeurant règlementés ne l'étaient qu'« à titre transitoire ». Cette formulation marquait l'apparente volonté du législateur de passer rapidement à la libération complète de tous les prix.

C'était ne pas compter sur le lobby administrativo-social. La Direction des prix et de la consommation se trouvait dépouillée de la plupart de ses attributions. La santé était le dernier os qu'il lui restait à ronger, et encore pas pour longtemps. Ses fonctionnaires, qui dépendent du ministère le plus puissant de France, celui des finances, se mobilisèrent donc pour tenter de conserver une justification à leur existence. Ils trouvèrent du soutien à la Sécu, qui voyait avec terreur se profiler à l'horizon un monde fou, fou, fou (pour elle), où les négociations tarifaires avec les professions de santé se feraient d'égal à égal et non plus sous le signe du contrat léonin.

Il faut savoir en effet que quand les médecins, par exemple, discutent une convention avec la Sécu — convention qui consiste pour l'essentiel à fixer le tarif des actes médicaux — ils ont le choix entre l'acceptation des propositions de la Sécu... et rien ! S'ils refusent celles-ci en effet, la Sécu peut ne rembourser les patients qu'au tarif dit « d'autorité », qui n'a pas été réévalué depuis 1960. Il va de soi que, les patients étant affiliés de force à une assurance monopolistique, à savoir la Sécu, ne peuvent accepter de se voir priver de leurs remboursements.

Sans doute les médecins pourraient-ils facilement amener la Sécu à des positions plus conciliantes. Il leur suffirait de tenir juste assez longtemps pour que les patients, indignés du chantage au remboursement de la Sécu, basculent du côté de ceux qui les soignent. Mais les médecins ont perdu depuis belle lurette tout sentiment d'indépendance et se considèrent, à quelques exceptions près, comme les employés de la Sécu. De plus leurs syndicats n'existent que grâce aux conventions qu'ils signent et à l'argent que cela leur rapporte.

On peut donc être certain qu'il se trouvera toujours un syndicat pour signer n'importe quelle reddition, d'autant qu'une loi particulièrement démocratique permet à un seul syndicat d'engager tout le monde.

Les syndicats médicaux ne virent donc qu'avantage à ce que les tarifs de leurs adhérents continuassent d'être bloqués.

Ainsi tout ce joli monde se ligua dans une opération qui ne mérite pas d'autre appellation que celle de détournement de procédure. En effet tout laissait penser que le gouvernement ne pourrait pas très longtemps maintenir le blocage « transitoire » des prix de la santé.

D'autant qu'en cas de « dérapage » des prix, les pouvoirs publics s'étaient donné la possibilité, par l'article 1er de l'ordonnance du 1er décembre 1986, d'arrêter des mesures temporaires de blocage par décret en Conseil d'État pris après consultation du Conseil national de la consommation. La durée de validité d'un décret de blocage ne pouvait toutefois excéder six mois.

Six mois ! Quand on avait vécu pendant plus de quarante ans dans les délices des prix administrés ! C'était plus que n'en pouvaient supporter nos comploteurs. Qui de plus considéraient avec effroi la perspective d'avoir à justifier leurs actes devant une instance indépendante, le Conseil national de la consommation, eux qui, en près d'un demi-siècle, n'avaient jamais rendu de comptes à personne et pu torturer entreprises et individus avec un mélange de morgue, de sadisme et d'inconscience.

Ils convainquirent donc Édouard Balladur, ministre des finances, de présenter, dissimulé dans le fourre-tout législatif qui a pour nom « Diverses mesures d'ordre social » (DMOS), un amendement instituant dans le code de la sécurité sociale un nouvel article L 162-38. Celui-ci autorisait le gouvernement à « fixer par arrêtés les prix et les marges des produits et les prix des prestations de services prises en charge par les régimes obligatoires de sécurité sociale ». Le tour était joué, les prix étaient à nouveau bloqués. On s'était moqué des électeurs et de la représentation nationale qui n'y avait vu que du feu.

Policiers en civil

En dépit des efforts que je déployai, aidé par quelques rares amis libéraux pour faire revenir le gouvernement sur cette mesure scandaleuse à tous égards et délétère pour la liberté d'entreprendre, l'article L 162-38 ne fut pas rapporté. Par centaines, les parlementaires de la majorité, sollicités par nos soins, questionnèrent les ministres concernés, Édouard Balladur, Philippe

Séguin, Michèle Barzach, Adrien Zeller. Ils obtinrent des réponses évidemment toutes identiques, expliquant que c'était pour le bien des professions de santé et de la protection sociale que ces mesures avaient été prises et qu'il convenait de ne pas s'en alarmer.

Les députés nous retransmirent fidèlement la réponse des « autorités » et ne cherchèrent pas plus loin. Ils s'étaient fait élire au nom d'un libéralisme dont ils n'avaient, pour la plupart, pas la moindre notion et, comme les gouvernants qu'ils soutenaient étaient dans le même cas qu'eux, ils n'eurent aucun mal à se taire, contribuant ainsi à abaisser un peu plus l'institution parlementaire.

La presse, elle aussi, fut égale à elle-même et continua de publier fidèlement les communiqués du ministère, sans prendre la peine de les habiller d'un peu de confiture journalistique.

On se demande vraiment pourquoi seules certaines pages des journaux et non pas toutes portent la discrète mention italique : « publicité »...

Ma campagne contre le complot des ennemis de la liberté me valut au moins un moment plaisant. Un jour, le principal auteur du texte délétère m'appela pour tenter de faire valoir ses raisons. Pensant me mettre du baume au cœur, il m'expliqua sans la moindre once d'humour qu'il s'agissait d'un progrès des libertés puisque les infractions de prix ne seraient plus verbalisées par des gendarmes en uniforme, mais par des policiers en civil. Vous devinez la réponse que je lui fis. Il court encore.

On aurait pu penser qu'à défaut des médecins, domestiqués par la Sécu, l'industrie pharmaceutique se mobiliserait pour obtenir enfin la liberté de ses prix, qu'elle revendiquait fortement et sans cesse. Erreur profonde. Elle n'eut pas un mot de protestation. Les groupes nationalisés n'allaient pas entrer en guerre contre leur actionnaire. Les groupes étrangers craignaient des mesures de rétorsion contre leurs produits, tout comme les petits et moyens laboratoires qui risquaient de ne pas se relever d'un conflit avec l'État.

Celui-ci dispose en effet d'un droit de vie et de mort économique sur tout médicament : c'est lui qui autorise sa mise sur le marché (AMM) et qui en fixe le prix. Il n'a besoin que d'un peu de lenteur et de mauvaise volonté pour mettre un laboratoire en difficulté et l'amener à la plus complète obéissance.

C'est donc ainsi que, faute d'un nombre suffisant de combattants, un gouvernement « libéral » garda enchaînées les professions de santé et l'industrie pharmaceutique, interdisant du même coup tout effort d'adaptation des régimes sociaux, puisque aussi bien c'était au nom de leur préservation qu'on prenait ces stupides et inutiles mesures.

Bouillon de culture

La paralysie des hommes politiques de « droite », dès qu'il s'agit de la Sécu, relève d'un comportement pathologique. La plupart d'entre eux ont, dans l'ensemble, à peu près compris les lois de l'économie de marché. Même les socialistes ont fait quelques progrès à cet égard. Mais les uns comme les autres obéissent à un réflexe pavlovien quand ils entendent le mot de « Sécu ». Aussitôt ils s'agenouillent et de leur bouche sort une étrange litanie, mi-prière, mi-action de grâce. Une bouillie de mots vagues s'écoule de leurs lèvres mal jointes et l'on croit reconnaître « solidarité », « attachement », « acquis sociaux », « ciment de la société française » et quelques autres expressions dénuées, tout comme les précédentes, de signification.

En fait les hommes politiques français ont subi une vaccination sociale qui les fait sécréter des anticorps face à tout projet de réforme. Il faudra vraisemblablement attendre que la génération qui a actuellement une vingtaine d'années arrive aux commandes du pays pour que celui-ci se débarrasse enfin du mal incurable qu'on a injecté aux classes d'âge arrivées à l'état adulte depuis 1945 et qui interdit toute adaptation à un monde ouvert et concurrentiel, c'est-à-dire le monde d'aujourd'hui et de demain.

L'affaire du sang contaminé a bouleversé profondément l'opinion. Elle n'est qu'une manifestation particulièrement tragique mais nullement isolée du mal français. Le mélange de l'administration, de la politique et de l'argent est un bouillon de culture où l'on est assuré de voir germer et prospérer les scandales en tous genres. Or la France n'est toujours pas parvenue à rompre les liens maléfiques entre ces trois composants et, tant qu'elle ne l'aura pas fait, sa vie publique sera émaillée d'affaires plus ou moins honteuses. Fort heureusement pour le moral de nos compatriotes, il ne leur en arrive qu'un assez petit nombre aux oreilles. Sinon, il y a longtemps que nous aurions connu l'explosion sociale qui se prépare et dont seule la date précise n'est pas connue.

Vos journaux se sont fait l'écho récemment de l'existence d'un marché noir d'un médicament contre la migraine. Oh ! un écho discret, comme il convient quand l'administration et la Sécu sont en cause. Toujours cette fameuse inhibition vaccinale ! Pourtant cette affaire aurait mérité la une de tous les médias. Parce qu'elle résume à elle seule les vices et les scandales de la société dans laquelle on nous fait vivre.

Perfide Albion

Le 28 septembre 1990, lors du huitième symposium international sur la migraine, à Londres, sont rendus publics les résultats de plusieurs études sur un nouveau médicament, le sumatriptan. Elles démontrent que celui-ci est remarquablement efficace contre les crises migraineuses. Son producteur, la firme britannique Glaxo, un des premiers laboratoires mondiaux, entreprend de le mettre sur le marché et accompagne ses demandes d'autorisation d'une large campagne d'information des prescripteurs.

Comme tout nouveau médicament, le sumatriptan est

cher. Sous forme injectable, il revient à 150 F par piqûre. Et chaque comprimé coûte 100 F. Mais le jeu en vaut la chandelle, puisque « 83 % des victimes d'une crise de migraine ayant recours à une injection sous-cutanée étaient soulagées dans les deux heures suivant cette injection ainsi que 70 % de celles ayant utilisé des comprimés [1] ».

Très vite, la plupart des pays autorisent la mise sur le marché du sumatriptan. Sauf la France. Chacun sait que notre peuple est unique au monde dans son genre. Serait-il à l'abri de la migraine ? Pas vraiment. Il y a « quelque cinq millions de Français qui souffrent de migraine, parmi lesquels quatre cent mille ou cinq cent mille migraineux sévères ». Qui le dit ? Le ministre des affaires sociales lui-même, M. René Teulade [2].

Seulement voilà, outre la migraine, les Français souffrent de la Sécu. Et celle-ci est une grande malade. Comme on n'a toujours pas trouvé le médicament pour la guérir, on va empêcher les assurés sociaux de se soigner. Comment ? En refusant l'entrée sur le sol de la patrie du médicament honni. Et comme toujours en pareil cas, pour justifier le retard et diluer les responsabilités, on nomme une commission.

On n'invente plus beaucoup de molécules en France, mais on regorge d'experts. A tel point que, si nous parvenions à en exporter une partie, notre fortune serait faite. Dans le cas du sumatriptan, on désigne donc pour faire un rapport un professeur de thérapeutique, ce qui paraît normal et, plus surprenant, un professeur de droit. De droit, avez-vous dit ? De droit. Que vient faire le droit dans la migraine ? Attendez. Notre prof de droit a pour particularité d'avoir été membre du Comité national d'éthique. Dans le temps, notre pays disposait d'une morale et d'une déontologie. A présent, il a beaucoup mieux : une éthique. Curieusement, c'est dans les années « éthiques » qu'est né le fameux slogan « responsable mais pas coupable ». Mais il ne s'agit sans doute que d'une simple coïncidence...

1. *Le Monde,* 31 mars 1993.
2. *Ibid.*

Nos deux rapporteurs se mettent donc à l'ouvrage et, alors que depuis deux ans les migraineux du monde entier se soignent au sumatriptan, on apprend que, si les Français en sont privés, c'est en raison du comportement du président de la filiale française de Glaxo, Edwin Nathan. Ancien visiteur médical, arrivé au sommet par son seul mérite, ce personnage a commis un crime de lèse-majesté. Il a voulu informer l'opinion, alors que les « autorités compétentes » n'avaient pas encore décidé s'il convenait de le faire. C'est pourquoi, comme il n'y a aucune ingérence du politique dans les affaires, le gouvernement français a, sans attendre, fait à la firme Glaxo les représentations nécessaires pour que le sieur Nathan fût proprement débarqué. Que pouvait d'ailleurs faire Glaxo ? Renoncer au marché français, dont le pouvoir politique tenait les clés ? Impensable. On remplaça donc Edwin Nathan.

Ce dangereux individu avait d'ailleurs bien fait de mettre une frontière entre ses adversaires et lui. Car il s'était mis dans de sales draps. Pensez qu'à cause de ses agissements criminels « plus aucun migraineux ne peut désormais ignorer l'existence de ce médicament ». C'est nos deux rapporteurs qui prononcent ce réquisitoire cinglant. Et d'enfoncer le clou. « Au terme d'une description minutieuse, ils affirment "l'illicéité de la campagne de promotion dont le sumatriptan a fait l'objet". Ils précisent qu'en cas de poursuites pénales il conviendra "évidemment" d'examiner la teneur de chaque message particulier "pour vérifier si, intrinsèquement, il constitue un fait publicitaire punissable [1]". »

Salaud de Nathan ! A cause de lui, ces salauds de migraineux savent qu'il existe un médicament qui pourrait les soulager. Le perfide fils d'Albion et ses complices ne perdent rien pour attendre. Nos deux rapporteurs sortent l'artillerie lourde et appellent à la rescousse tout ce que notre pays compte de corps constitués. Car de ce scandale, il faut tous les saisir. Tous ! « En priorité le ministère public en vue d'apprécier l'opportunité des

---

1. *Le Monde*, 30 septembre 1992.

poursuites pénales ; subsidiairement, le Conseil national de l'Ordre des médecins en vue des procédures disciplinaires que les pouvoirs publics jugeraient nécessaires ; le Conseil de l'Ordre des pharmaciens aux mêmes fins [1]. »

Éthique et fric

Voilà où l'on en était en France, deux ans après que le monde entier eut appris l'existence d'un nouveau remède très efficace contre la migraine et que partout les malades pouvaient en disposer. La France adore parler d'éthique et déteste parler de fric. Malheureusement pour nous, le fric n'est jamais absent de l'éthique, du moins de ce que nous baptisons ainsi. Car de quoi s'agissait-il en l'occurrence ? Pas du traitement de la migraine. Pas du sort des malades, accusés de constituer un « lobby des migraineux [2] ». Non, il s'agissait du milliard de francs que les ventes de sumatriptan risquaient de coûter à la Sécu. L'horreur ne s'arrêtait d'ailleurs pas à ce chiffre. Dans une déclaration éthique, le ministre Teulade allait jusqu'à s'écrier (et nous prions les lecteurs sensibles de s'abstenir de lire les lignes qui suivent) : « Si on faisait n'importe quoi en termes d'indications et de prix, on risquerait de faire sauter la caisse. Pas moins de 10 milliards de francs chaque année, telle aurait pu être l'addition finale [3]. »

Eh bien, puisqu'on nous invite à parler fric, parlons-en. Et sans nous draper dans les plis de la bannière éthique, dont on vient de voir ce qu'elle dissimule. Il se trouve qu'on sait ce que coûte la migraine à la France. Au début de 1992, le Groupe de recherches interdisciplinaires sur la migraine (GRIM), présidé par le Pr Patrick Henry, de l'hôpital Pellerin de Bordeaux, publiait les résultats des travaux qu'il menait depuis 1989. Tout d'abord le GRIM établit que la migraine est un véritable fléau, puisqu'elle touche 12,1 % de la population, soit

1. *Ibid.*
2. *Le Monde,* 15 et 16 mars 1993.
3. *Le Monde,* 31 mars 1993.

5 millions de Français, dont 4,2 millions de femmes. La plupart de ces malades souffrent, au cours de leurs crises, de douleurs fortes ou extrêmement fortes, difficilement tolérables ou même intolérables, ont besoin de se coucher et doivent réduire leur activité. Pour beaucoup d'entre eux, la vie de famille et de couple est pénalisée, ainsi que l'activité sexuelle. Au travail, leurs relations avec les autres sont dérangées. Bref, la vie de ces millions de malades est gravement perturbée.

Mais le GRIM est allé plus loin. Il a estimé la consommation annuelle de soins des migraineux à 5 milliards de francs. De plus, se fondant sur des études du même type faites au Royaume-Uni et les rapportant à la France, les spécialistes réunis autour du Pr Henry ont établi que l'absentéisme dû à la migraine pouvait être chiffré à 4,1 milliards et la perte de productivité à 7,3 milliards. C'est donc à plus de 16 milliards de francs qu'on peut estimer le coût annuel de la migraine en France [1]. Même en admettant le chiffre extrême de 10 milliards avancé par M. Teulade, on constate qu'il serait moins coûteux pour la communauté nationale de soigner les migraineux que de les laisser souffrir.

Faut-il ajouter, d'un point de vue moral et déontologique, sinon « éthique », qu'il n'est pas tolérable de priver des malades du médicament qui peut les soulager ?

Tout, dans cette affaire, accable les pouvoirs publics et les princes de la Sécu. Le scandale du sang contaminé n'est pas qu'un atroce raté. Il est l'illustration du mode de fonctionnement ordinaire du lobby administrativo-politico-social dans notre pays.

Marché noir

En veut-on un autre exemple ? Au mois de mars 1993, on apprenait que le rapport des deux experts chargés de se prononcer sur l'opportunité d'introduire le sumatriptan en France n'avait pas, lors de sa remise au minis-

---

1. *Impact Médecin Quotidien*, 28 janvier 1992.

tre en juin 1992, été publié intégralement par ce dernier. Il avait jugé inutile de porter à la connaissance du public que, tout en signalant que le sumatriptan « est un médicament efficace de la crise de migraine », sans pour autant représenter « un progrès décisif dans le traitement de l'accès migraineux », les deux experts concluaient que le médicament était « de toute évidence actif dans la crise migraineuse [1] ». En langage profane, cela signifie que le sumatriptan ne supprime pas la cause de la migraine mais traite efficacement ses effets. Quand on souffre d'une crise atroce, on ne se demande pas s'il faut blâmer le médicament qui vous soulage de ne pas vous guérir pour toujours. Mais ce sont des considérations auxquelles nos princes de l'« éthique » et de la Sécu réunis sont insensibles.

Les médecins, eux, ne s'y tromperent pas qui, venus de toute la France, généralistes et spécialistes mêlés, au salon du Medec en octobre 1993, un an avant que le sumatriptan ne fût disponible en France, lui décernèrent le prix de Médicament de l'année, qui récompense une molécule issue d'une stratégie de recherche originale.

La suite de l'histoire n'est pas plus reluisante. Il faudra attendre le mois de septembre 1994 pour que les malades français puissent enfin se procurer du sumatriptan. Encore n'est-il disponible que dans sa forme injectable. De plus, il n'est pas remboursable par la Sécu pour le traitement des migraines, mais seulement dans le cas des algies vasculaires de la face. Commentaire d'un médecin : « En trente-cinq ans de pratique, j'ai vu des centaines de migraineux et une seule algie vasculaire de la face [2]. » Comme si c'était le problème !

Le problème, c'est qu'il ne doit pas être dit que la Sécu est un pitoyable assureur, ruineux en cotisations, misérable en prestations, qui n'est même pas capable de couvrir un risque affectant plus de cinq millions de Français. Qu'attend-on pour jeter par-dessus bord ce système monstrueux qui dévore la substance de la nation

---

1. *Le Monde*, 31 mars 1993.
2. *Le Quotidien du médecin*, 1er septembre 1994.

comme un cancer et qui ne l'assure même pas de sa considération distinguée, tant il est vrai que les procédures et les guichets de la Sécu sont un des hauts lieux du mépris de l'autre.

Les malades, quant à eux, ont depuis longtemps compris. Ils achètent le sumatriptan en comprimés et au marché noir. Rien de plus facile. Le médicament est commercialisé dans tous les pays voisins de la France. C'est le président du Conseil de l'Ordre des pharmaciens qui a vendu la mèche. « Une telle situation est intenable, a-t-il déclaré, ne serait-ce que parce qu'aucun contrôle ne peut être fait sur la qualité et l'inocuité du produit ainsi commercialisé. Le gouvernement ne pourra pas éternellement adopter, vis-à-vis de ce dossier, la politique de l'autruche [1]. »

On félicitera, au nom de l'« éthique », cet éminent potard de n'avoir pas ajouté que le marché noir du sumatriptan pénalise les officines, à qui ce commerce échappe. Et l'on observera, à la simple considération des dates, que la révélation publique du marché noir n'a précédé que de quelques mois l'entrée officielle du médicament dans les pharmacies.

Mais la plus belle gifle à tout ce que notre pays compte d'experts, de spécialistes et d'informateurs patentés tient au fait que c'est bien sous la forme du comprimé que le marché, fût-il noir, plébiscite le sumatriptan. La coalition pontifiante, moralisante et désinformante aura reçu à cette occasion une formidable et simple leçon de rigueur scientifique. Administrée par les seuls véritables connaisseurs de ce pays : les consommateurs. Car enfin, si le sumatriptan en comprimés ne marchait pas, y aurait-il un marché noir ?

Ne nous y trompons pas. Cette affaire est symbolique à plus d'un titre. Quand on analysera les causes de la révolution qui se prépare en France sous nos yeux, on ne manquera pas d'y faire figurer le divorce entre le peuple et ce qu'il est convenu d'appeler les « élites », et l'on citera l'exemple de cette pitoyable affaire du suma-

1. *Le Monde,* 17 février 1994.

triptan, qui aura vu ceux qui, par définition, ne sont pas « coupables » démontrer à l'envi leur arrogante irresponsabilité.

Corruption

A la une du *Monde* récemment[1], ce titre glorieux : « Mme Veil s'attaque à la corruption dans le secteur du médicament. » Ah bon ! Y aurait-il donc de la corruption dans le secteur le plus organisé, encadré, surveillé par l'État ? C'est à n'y rien comprendre.

Ou plutôt c'est trop facile à comprendre. Là comme ailleurs, c'est la présence permanente de l'État qui crée la corruption. Pour l'industrie pharmaceutique française, le problème n'est pas tant de découvrir de nouvelles molécules que de déployer des trésors d'ingéniosité et d'influence pour obtenir de l'État un prix convenable pour ses médicaments. Du coup la France est passée du rang de deuxième découvreur mondial de médicaments, derrière les États-Unis, à celui de cinquième. Les Allemands, les Japonais et les Italiens, c'est-à-dire les vaincus de la deuxième guerre mondiale, nous ont dépassés. Ils ont sur nous un grand avantage. Ils savent que la guerre est finie et qu'il ne sert à rien de maintenir un dispositif directement issu de celle-ci, le contrôle des prix.

L'action d'Édouard Balladur en 1987, maintenant, par une ruse législative dont nous avons parlé plus haut, le monde de la santé dans un cadre strictement dirigiste, aura été particulièrement néfaste à l'industrie pharmaceutique française. Revenu aux affaires en 1993 comme premier ministre, M. Balladur n'a en rien modifié la politique qu'il avait menée lors de la première cohabitation.

On nous dit qu'il a passé ses cinq années d'opposition à s'informer et à réfléchir. S'il l'a fait, ce n'est certes pas dans le domaine de l'industrie pharmaceutique. Ce ne

1. *Le Monde*, 25-26 septembre 1994.

sont pourtant pas les informations qui ont manqué. Un rapport rédigé en 1989 par Jacques Dangoumau, ancien directeur de la pharmacie et du médicament, et Jacques Biot, directeur adjoint de Pasteur-Vaccins, à la demande du gouvernement Rocard avait, de la manière la plus officielle qui fût, révélé au public ce que ne cessaient de dire depuis des années les milieux professionnels et les observateurs compétents : en dépit de ses 90 milliards de chiffre d'affaires, ses 80 000 personnes employées et ses 250 000 emplois induits, malgré les 8 milliards de francs d'excédent apportés à la balance commerciale, les 12,3 % de son chiffre d'affaires consacrés à la recherche-développement, l'industrie pharmaceutique française, comme le titrait *Le Monde*, partait « à la dérive ».

Dans son commentaire, le quotidien du soir n'y allait pas par quatre chemins. « L'industrie pharmaceutique française est malade, écrivait André Dessot. Mais surtout malade de ses prix, bloqués depuis quarante ans par l'État. A telle enseigne que les médicaments français sont, à l'exception des produits espagnols et grecs, parmi les moins chers du monde. Ils sont à l'indice 100, quand les médicaments allemands sont à 204,7. D'un côté cette aberration favorise la surconsommation. De l'autre, elle empêche, paradoxalement, les fabricants de trouver les profits qu'ils ne peuvent réaliser à l'exportation. Car les prix français font référence dans les pays clients (essentiellement africains). Or les contraintes financières sont énormes avec une recherche dont le coût est devenu astronomique à cause de la raréfaction des nouvelles molécules (1 sur 12 000), de l'allongement de la durée de développement des nouveaux médicaments, enfin de la baisse de rentabilité induite par le raccourcissemnt de la protection des brevets (vingt ans). Au bas mot, la mise au point d'un nouveau médicament coûte 100 millions de dollars (630 millions de francs), plus du double avec sa mondialisation. Qui peut s'offrir ce luxe ? Pour revigorer la recherche déclinante, la solution passe inévitablement par une libération des prix. Mais elle serait trop facile si le délicat problème de la couverture sociale ne venait tout compliquer[1]. »

On ne dira jamais assez le mal que l'élection du président de la République au suffrage universel a fait à la France. Plus encore que son mode d'élection, c'est le pouvoir qu'il détient qui dénature la vie politique. Car c'est du président que « tout procède », comme le disait le général de Gaulle, retrouvant sans le savoir la doctrine de l'Inca, ce souverain précolombien et absolu. Le poste de président de la République est le seul qui compte vraiment en France. C'est pourquoi un homme politique un tant soit peu ambitieux ne peut penser qu'à cela. Michel Rocard, de toute évidence, n'était premier ministre que pour pouvoir devenir président. Pour ne mécontenter personne, il devait parler de tout et surtout ne rien faire. Il s'y employa avec beaucoup de réussite. Ce qui ne l'empêcha pas de trébucher plus tard.

Édouard Balladur était porteur de la même ambition. Il adopta, parvenu à Matignon, la même méthode. Il reste à voir, à l'heure où nous écrivons, si elle lui aura mieux réussi. Quoi qu'il en soit, les intérêts d'un secteur économique sont de peu de poids dans la perspective présidentielle par rapport aux troubles sociaux et surtout politiques qu'une réforme risquerait de provoquer. L'élection présidentielle de 1995 avait commencé de hanter les esprits de la classe politicienne au lendemain même de la réélection de M. Mitterrand en 1988. La grande réforme de la protection sociale et son corollaire, la libération économique du monde de la santé, devrait attendre 1995. Mais direz-vous, en 1995, cela va-t-il recommencer jusqu'en 2002 ? Si cela ne tient qu'aux politiciens, assurément oui. Malheureusement pour eux, à trop négliger les réalités, il vient un moment où elles vous sautent à la figure. C'est évidemment ce qui va arriver et le moment est proche.

Il se peut que la corruption généralisée révélée par l'éclatement en série des « affaires » soit le détonateur de la révolution. Ce ne serait que justice — c'est le cas

1. *Le Monde*, 8 avril 1989.

de le dire —, car la révolution n'est rendue inévitable que par l'absence de réformes et que celles-ci devraient viser en priorité à ramener l'État à ce que l'on appelle ses fonctions régaliennes (armée, diplomatie, justice, police), dont il n'aurait jamais dû sortir. En attendant, les secteurs restés sous le contrôle de l'État continueront leur descente aux abîmes. La Sécu fera son petit déficit annuel de 50 milliards, la CSG augmentera d'un point ou deux par an, et les industriels du médicament discuteront le bout de gras avec Jean Marmot. Ce n'est pas un hasard si celui-ci leur a été désigné comme interlocuteur pour fixer le prix de leurs médicaments. Notre homme est en effet également — et même surtout — secrétaire-rapporteur de la commission des comptes de la Sécu. Tant qu'à faire, mieux valait réunir sous une même casquette deux domaines qui n'ont aucun lien ontologique mais que le génie français a tenu à lier pour le meilleur et surtout pour le pire.

Outrage aux bonnes mœurs

Énarque, conseiller-maître à la Cour des comptes, Jean Marmot est sans aucun doute ce que l'administration française peut produire de mieux. Travailleur acharné, indépendant d'esprit, insensible aux modes intellectuelles, c'est un homme de rigueur et de devoir et, est-il besoin de le préciser, d'une honnêteté scrupuleuse. Deux fois par an, les Français l'aperçoivent à la télévision, « sortant comme un diable de sa boîte », pour reprendre l'expression d'un journaliste, et l'entendent annoncer les mauvaises nouvelles de la protection sociale. On a presque envie de lui offrir un Prozac, ce comprimé antidépresseur qui fait fureur aux États-Unis, mais Jean Marmot, en excellent magistrat de la Cour des comptes, est insensible aux vicissitudes de ses dossiers. Il m'a cependant confié un jour que son épouse, ayant étudié son bulletin de salaire, lui avait fait remarquer l'importance des prélèvements de la Sécu. A la suite de quoi l'excellent rapporteur des comptes s'était écrié :

« Mais c'est fou, ce qu'ils nous piquent ! » Comme quoi on peut être haut fonctionnaire et néanmoins homme.

En 1987, Jacques Chirac, premier ministre, avait créé un « Comité économique du médicament » chargé de proposer au ministre de la santé un prix pour chaque médicament vendu en pharmacie. Et puis on avait oublié son existence. Il en est ainsi de bien des dispositifs étatiques. Par exemple le Parlement vient de voter, à l'instigation de Mme Veil, une loi réorganisant la Sécu en séparant la gestion de ses trois branches, maladie, vieillesse et allocations familiales. Les ministres, les parlementaires et la presse ne se sont même pas aperçus que cette loi existait, sans être appliquée, depuis 1967, date à laquelle Jean-Marcel Jeanneney avait, à la demande du général de Gaulle, procédé à cette réforme par ordonnance. Mais qu'importe ? L'essentiel n'est-il pas pour les ministres de faire semblant de gouverner, pour les députés d'avoir l'air de voter des lois et pour les journalistes d'annoncer des nouvelles qui n'en sont pas ? Je me rends bien compte qu'un esprit critique comme le mien — d'aucuns me traiteront même de pisse-vinaigre — n'a d'autre utilité que de troubler le déroulement harmonieux de la vie démocratique en France. Je ne suis pas loin de penser d'ailleurs que c'est de ma faute s'il ne fait pas un temps de saison et si tout va mal.

Soulagé par cet aveu, je me sens plus à l'aise pour vous raconter comment on négocie les prix du médicament. Mais tout d'abord sachez qu'avant que Mme Veil ne s'avisât de réactiver le Comité économique du médicament il se passait de vilaines choses entre les industriels de la pharmacie et les cabinets ministériels. Il paraît — mais de tels comportements sont-ils imaginables dans un pays qui jouit, comme la France, d'un État fort ? — que « la fixation du prix des médicaments par le cabinet du ministre des affaires sociales faisait l'objet d'"influences" ou de "considérations" politiques, en d'autres termes de financements occultes des partis au pouvoir [1] ».

1. *Le Monde,* 25-26 septembre 1994.

C'est ainsi qu'on vient de découvrir qu'un ancien délégué national à la santé du RPR, Philippe Most, par ailleurs membre de la commission d'autorisation des médicaments, aurait touché, par l'intermédiaire d'une société de conseil lui appartenant, quelques millions de francs de laboratoires pharmaceutiques. Pas du tout égoïste, notre homme avait fait profiter quelques parlementaires amis de la manne, en rémunération, bien sûr, des conseils qu'à leur tour ils lui avaient donnés. Comme un automobiliste verbalisé alors qu'il ne roulait pas plus vite que les autres, l'ancien délégué à la santé du RPR s'exclame : « Quatre-vingt-treize autres sociétés travaillent comme la mienne, et beaucoup de membres de la commission travaillent comme moi pour des laboratoires pharmaceutiques [1]. » Osons une remarque de simple bon sens : si les labos n'étaient pas obligés de cracher au bassinet pour obtenir un prix convenable pour leurs médicaments, ceux-ci ne pourraient-ils pas être moins chers ?

Heureusement Mme Veil va mettre bon ordre à tout cela. Désormais tous les universitaires ou les médecins hospitaliers qui ont des fonctions d'expert à l'Agence du médicament devront déclarer s'ils collaborent aussi avec l'industrie pharmaceutique. Il va de soi que cette mesure sera radicale. On n'a jamais vu de versements occultes et aucun Français ne détient de compte en Suisse ou dans un paradis fiscal. En revanche — et cette fois c'est vrai — personne n'arrivera à corrompre Jean Marmot. Celui-ci pourra en outre se flatter d'être, dans les pays développés, le seul à faire son métier. Ne doutons pas qu'on vienne de loin visiter le monument. Car enfin y a-t-il un seul haut fonctionnaire au monde à pouvoir convoquer tous les industriels d'un secteur et leur expliquer que le sort de leur entreprise a été discuté en haut lieu et qu'ils vont devoir respecter un « taux d'orientation » de leurs activités ?

Évidemment lesdits industriels ont liberté pleine et entière de fixer à la hausse certains de leurs prix... à

---

1. *Le Monde*, 25-26 septembre 1994.

condition de baisser d'autant celui des autres. De toute façon le taux d'orientation n'a rien d'arbitraire. « Il est arrêté par le gouvernement, qui doit consulter préalablement les caisses d'assurance maladie[1]. » Ouf ! on avait peur que ce diable de Marmot n'en fasse qu'à sa tête. Mais si c'est le gouvernement qui décide — un gouvernement où ne figure aucun ministre ayant jamais dirigé la plus petite entreprise, ce qui nous donne toute garantie sur sa compétence — et ce après avoir consulté la Sécu, où la quantité de matière grise au mètre carré a de quoi rendre jaloux jusqu'aux cerveaux de la Silicon Valley, alors on peut être certain que la décision sera la meilleure qui se puisse imaginer. Mais, me direz-vous, ces industriels, ils ne se révoltent pas ? Eh non ! Car c'est ça ou rien. D'ailleurs Jean Marmot les a prévenus : « Rien n'oblige, il est vrai, les laboratoires qui ne le souhaitent pas à signer de convention. Mais, naturellement, le comité ne trouvera pas, dans l'attitude de ceux qui refusent de jouer le jeu des conventions, des raisons de les privilégier par rapport aux autres qui choisissent cette démarche[2]. »

En fait ce n'est pas nouveau. Vous vous souvenez de ce sale type d'Edwin Nathan, dont je vous ai parlé plus haut, qui avait eu le culot de faire savoir aux médecins qu'il existait un nouveau médicament efficace contre la migraine. Moi, je vais vous dire : ce Nathan, s'il n'était pas anglais, ce serait un mauvais Français. Pas question que de tels comportements se renouvellent. Jean Marmot y veillera personnellement : « Il faut que les industriels fassent un effort et modèrent l'ardeur de leur réseau de visiteurs médicaux. Le comité sera très vigilant sur la promotion et la qualité des messages diffusés. Il est certain qu'un laboratoire plusieurs fois épinglé par la commission de publicité sera surveillé de près par le Comité du médicament, qui ne manquera pas de tenir compte des manquements constatés[3]. »

Scrogneugneu ! Il a raison, Jean Marmot, la publicité,

---

1. *Le Quotidien du médecin,* 8 mars 1994.
2. *Le Quotidien du médecin,* 8 mars 1994.
3. *Ibid.*

c'est d'elle que vient tout le mal. D'abord elle permet aux journaux médicaux de vivre. Et de quoi remplissent-ils leurs colonnes ? D'articles de formation continue de haut niveau qui poussent les quelques médecins qui les lisent à ne pas s'en tenir aux traitements et remèdes traditionnels mais à adopter les techniques les plus modernes et donc les plus coûteuses ! Et puis la publicité peut vanter les mérites d'un médicament que le gouvernement trouve trop cher pour les Français. Outrage aux bonnes mœurs ! Et enfin ces imbéciles de médecins sont capables, à la seule vision d'une belle image publicitaire, de prescrire le produit sans même savoir à quoi il sert. Que voulez-vous, ces malheureux ne sont qu'à bac plus huit, dix ou quinze et, plus grave, ils n'ont même pas fait l'ENA. Tout au plus, ces belles images, on les leur laisserait bien, mais à condition qu'ils se contentent de les colorier.

Cataclysme désiré

Dans les allées de la Sécu on avait d'ailleurs fait un étrange constat. Les médecins généralistes perçoivent en moyenne 450 000 F d'honoraires et prescrivent pour un million de francs de médicaments[1]. Si l'on tient compte du fait que, de ces honoraires, le médecin doit retrancher ses frais et qu'il lui reste donc environ 250 000 F, l'idée géniale consisterait à lui donner de l'argent pour qu'il n'exerce pas, car pendant ce temps il ne prescrirait pas. C'est très exactement le raisonnement qui a présidé à la mise en place de la formation continue des médecins, rémunérée par la Sécu.

Et pourtant, en dépit des sommes assez généreuses que leur propose mère Sécu pour venir se recycler à ses frais, les médecins boudent. Car la formation n'est indemnisée que si elle éloigne pendant un temps assez long le médecin de son cabinet. Et les toubibs ont la fâcheuse et prétentieuse idée que leurs patients pour-

1. *Le Quotidien du médecin*, 20 mai 1992.

raient avoir besoin d'eux. En réalité, nos princes de la Sécu ne sont que des Caligula au petit pied. Ce qu'il nous faudrait, c'est un souverain assez fou pour aller au bout de son idée et rayer de la carte les 112 000 cabinets de médecins libéraux. Cela ferait économiser 84 milliards de francs chaque année à la Sécu. Ce qui lui donnerait un an ou deux de répit. On est surpris que pas un homme politique ne se soit encore saisi de cette idée glorieuse, à peine plus délirante que celles qu'on nous sert quotidiennement.

Loin de se révolter, les industriels du médicament ont signé, par l'intermédiaire de leur syndicat national, cet « accord-cadre du médicament » dont nous venons de vous décrire les procédures. D'ailleurs, en témoignage de leur bonne volonté, les labos se sont donné un président qui porte le doux nom de Mesuré. On n'est pas plus civil. Et ce bon M. Mesuré est si bien disposé envers les pouvoirs publics qu'il s'impatiente des lenteurs de la mise en place du dossier médical, dont le but affiché est notamment de réduire la consommation de médicaments des Français — et par conséquent le niveau d'activité des industriels qu'il représente — et n'hésite pas à épancher ses sentiments en une formule qui, n'en doutons pas, sera allée droit au cœur de ses mandants : « Je piaffe [1] ! »

Allons, allons, messieurs les industriels du médicament, ne vous découragez pas. Tout d'abord le bon M. Marmot veille sur vous : « Le comité sera intransigeant, mais loyal. Je suis bien déterminé à conduire cette opération avec rigueur et objectivité. Je veux des engagements clairs et précis, en magistrat minutieux qui aime que les dossiers soient en ordre [2]. » Et s'il arrive, chemin faisant, que certains d'entre vous, messieurs, reçoivent un bon coup sur la tête, comme c'est arrivé au mois d'août 1994, où sept de vos médicaments ont subi une baisse autoritaire de leur prix par arrêté ministériel, dites-vous, avec votre affable et mesuré président, que « cette baisse des prix ne constitue pas une surprise

1. *Panorama du médecin,* 6 juin 1994.
2. *Le Quotidien du médecin,* 8 mars 1994.

ni une sanction. Il faut simplement qu'un bon équilibre soit trouvé. L'ajustement de quelques produits à la baisse, qui intervient aujourd'hui, devra être compensé par des ajustements à la hausse, quand cela sera justifié[1]. » Et chantons tous en chœur : « Il fera beau demain » !

Il y a soixante et un millions d'années, s'il y avait eu des journaux sur la planète, et plus particulièrement à l'emplacement de ce qui est aujourd'hui la France, tous auraient consacré leurs colonnes aux faits et gestes des dinosaures. Et puis, comme l'actualité et la presse sont cruelles, un million d'années après, plus rien. Les dinosaures avaient disparu. Les industriels du médicament, et au delà d'eux tous ceux qui réfléchissent, font le gros dos et gardent espoir dans l'avenir. Car ils savent que le cataclysme est pour bientôt, qui engloutira la Sécu, ses pompes, ses œuvres, ses princes et ses affidés. Et le pays ne gardera nulle trace d'eux. Pas même une de ces marques fossiles que les terribles lézards, eux, sont parvenus à graver dans la chair de la planète.

---

1. *Ibid.*, 24 août 1994.

CHAPITRE V

La machine à broyer

Entre un organisme monopolistique et tentaculaire, qui s'est donné pour objectif de doter chaque membre de la société d'un numéro matricule, et la liberté de l'individu, le combat ne peut être que sans merci. La résistance à l'oppression collectiviste aurait fort bien pu se faire grâce aux nombreuses associations ou corporations que compte la France. Or on a vu un pays de vieille civilisation humaniste basculer en moins d'un demi-siècle dans une dictature bureaucratique qui n'a eu d'équivalent que dans les pays soumis au joug soviétique. Que s'est-il passé ? Un mariage. Celui de l'État et de la Sécurité sociale.

Si celle-ci avait gardé l'esprit qui présida à la naissance des premières sociétés de secours mutuel, au dix-neuvième siècle, elle aurait constitué un progrès de civilisation. Mais l'idéologie communiste, qui a dominé notre pays de l'immédiat après-guerre jusqu'à une date récente, ne pouvait se satisfaire de l'existence de noyaux durs, fondés sur l'entraide et le respect des libertés de chacun, qui l'empêcherait de pétrir la société à sa guise. Les communistes entreprirent donc de répudier la tradition ouvrière française et portèrent sur les fonts baptismaux de la quatrième République naissante un système propre à asseoir leur domination. Incapable de résister à la poussée populaire, la bourgeoisie n'alluma pas le moindre contre-feu.

En revanche les classes moyennes, gonflées par le vent de tertiarisation qui soufflait sur les économies occidentales, surent admirablement tirer leur épingle du jeu. Elles laissèrent s'édifier un système de protection sociale fondé sur la garantie de l'emploi et des ressources et mirent à sa tête leurs enfants, dont elles avaient fait des énarques. Le bref affrontement de 1960, qui vit les technocrates l'emporter sans coup férir sur les médecins, marqua la fin d'une époque, celle de la prééminence des « arts libéraux », et le début d'une autre, celle du régne des énarques, dont nous verrons la fin prochainement : quand les institutions dont ils tirent l'essentiel de leur pouvoir se seront les unes après les autres effondrées. Quant à la classe ouvrière, elle fut tout bonnement exclue du jeu, tout comme le parti communiste, qui vit son influence électorale divisée par quatre au cours de cette période.

Sans cette grille de lecture, on ne peut comprendre qu'un peuple digne et fier, héritier d'une histoire glorieuse, « inventeur » des libertés, se soit laissé glisser sur une pente qui l'a conduit à la situation de mendicité sociale dans laquelle il se trouve aujourd'hui. L'idéologie des classes moyennes exige que chacun soit moyen. Elle implique donc que soit broyée toute catégorie sociale ou professionnelle qui, par son comportement ou ses ressources, diffère trop sensiblement de la moyenne. La mise aux dimensions adéquates des déviants est vitale pour la pérennité de l'idéologie dominante, même si l'opération présente plus d'inconvénients que d'avantages pour la collectivité. A cet égard, la création et le maintien de l'impôt sur la fortune et, dans un autre domaine, la destruction de la chirurgie française participent du même phénomène.

On ne s'appesantira pas sur le problème de l'impôt sur la fortune, qui n'est pas dans notre sujet. On se contentera de remarquer que son existence explique en grande partie le marasme immobilier que connaît notre pays actuellement, la crise de l'industrie du bâtiment, « entraîneur » traditionnel de l'économie nationale, et donc le chômage. Magnifique résultat obtenu pour un prix vraiment modique : huit petits milliards, même pas de quoi payer le quart des frasques du Crédit lyonnais.

Schizophrénie

Passer de l'impôt sur la fortune aux chirurgiens serait une excellente transition pour une publication de gauche [1]. Car il va de soi qu'un chirurgien ne peut être que riche. En réalité, ce n'est pas tant sa richesse qui suscite le sentiment aussi admiratif qu'agressif qu'on lui porte communément, mais bien plus le caractère évidemment « non moyen » de son activité et la capacité de vie et de mort dont il dispose sur ses opérés. L'abaissement du chirurgien est donc une nécessité de l'idéologie petite-bourgeoise. Tout individu étant un opéré en puissance, il faut à chacun une bonne dose de schizophrénie pour s'ériger en contempteur du chirurgien et, dans le même temps, admettre qu'on a intérêt à disposer d'un nombre suffisant de professionnels hautement qualifiés pour être assuré de bénéficier à tout instant du meilleur traitement possible.

Ce genre d'acrobatie psychique ne gêne en réalité aucunement le consommateur-téléspectateur qu'est devenu, dans notre si glorieuse société, celui qu'on appelait autrefois un citoyen. Confiné dans sa minuscule cellule individuelle ou familiale, il ne s'intéresse ni au passé ni à l'avenir, mais à la satisfaction de ses besoins du moment. S'il est malade et doit être opéré, son problème sera d'obtenir l'assistance du meilleur praticien. En cas de difficulté, il protestera auprès de la terre entière — à commencer par son journal, son député, son syndicat — contre l'insuffisance des moyens mis à la disposition des hôpitaux et contre le sort fait aux personnels soignants. Une fois guéri — et à moins d'être frappé d'une maladie grave appelée le « syndrome de reconnaissance », qui conduit certains individus à garder le souvenir des bienfaits qu'ils ont reçus et à tenter d'aider leurs auteurs à les prodiguer à d'autres — il redevient cet avorton haineux auquel deux à trois millions d'années d'évolution de l'espèce humaine ont si heureusement abouti. « L'homme moderne, disait

1. Et à cet égard, elles le sont toutes, en vertu précisément de l'idéologie petite-bourgeoise dominante.

Albert Camus, fornique et lit des journaux. » L'ermite de Lourmarin ne se trompait que sur un point. L'homme moderne ne fornique même plus, il regarde des films pornographiques.

Par qui serez-vous opéré demain ?

La destruction de la chirurgie française était inhérente à l'idéologie de sécurité sociale, mais elle ne pouvait s'opérer — si l'on ose dire — que par des proches. On n'est jamais trahi que par les siens et assassiné que par des gens dont on ne se méfiait pas. Pour venir à bout de ce corps d'élite de la médecine, il suffisait de ne pas lui donner le droit de se défendre. Étrange, allez-vous dire ! Ne pas se défendre, eux, que tout le monde révérait et craignait ? En fait, la manœuvre était d'une simplicité géniale. Il fallait simplement conférer la représentation des chirurgiens... à d'autres qu'eux.

La représentativité des organisations syndicales des professions de santé est fixée par le code de la sécurité sociale, c'est-à-dire par une loi, en fonction des critères suivants : « effectifs, indépendance, cotisations, expérience et ancienneté du syndicat ». En fait, la représentativité est donnée par le gouvernement... selon la tête du client. Plus précisément, les gouvernements successifs de la cinquième République se sont toujours donné les interlocuteurs syndicaux qui étaient disposés à signer les textes que le pouvoir voulait imposer aux médecins. En dépit d'un nombre incalculable d'arrêts du Conseil d'État annulant les conventions médicales pour vice de forme, la méthode n'a jamais changé. Ce qui prouve, à tout le moins, qu'il y a quelque chose de pourri dans le royaume de la justice administrative, puisqu'elle n'a même pas le pouvoir d'obtenir l'application de ses décisions.

En n'accordant le droit de discuter les conventions qu'à des syndicats polycatégoriels, c'est-à-dire représentant les diverses disciplines médicales, les pouvoirs publics jouaient au propriétaire de meute posant la pâtée au beau milieu du chenil et laissant les animaux se débrouiller entre eux, les plus costauds ou les plus malins mangeant plus que les autres. Les conventions n'ayant pas d'autre but que de fixer les tarifs, et la pâtée étant par nature limitée, on assista pendant trente ans à de belles empoignades entre médecins des diverses catégories.

Moins nombreux — et relativement prospères dans les débuts de ce système caporaliste — les chirurgiens se défendirent mal et n'eurent droit qu'à la portion congrue. A mesure que stagnait la valeur de leur lettre-clé, qui sert à calculer le prix de leurs actes, ils voyaient leur situation se dégrader et, bien pire encore, leur discipline attirer de moins en moins de monde. Au point que leur principale organisation, le Collège national des chirurgiens français, après avoir tenté, au fil d'innombrables entrevues ministérielles, de convaincre les pouvoirs publics de faire quelque chose, durent se résoudre, en désespoir de cause, à lancer une campagne médiatique qui, à défaut d'obtenir des résultats tangibles, eut au moins le mérite d'attirer — enfin ! — l'attention de l'opinion. Le communiqué de presse publié le 11 juin 1993 par les chirurgiens mérite d'être cité presque intégralement, tant il est inquiétant pour tous ceux qui auront, un jour où l'autre, à subir une intervention chirurgicale.

« COLLÈGE NATIONAL DES CHIRURGIENS FRANÇAIS

Communiqué de presse

MENACE SUR LA SANTÉ PUBLIQUE :

25 % des chirurgiens exercent sans qualification

« A la suite d'une enquête menée par le Collège national des chirurgiens français et à laquelle 80 hôpitaux ont répondu, il apparaît qu'un quart des chirurgiens de ces hôpitaux exercent sans le niveau de diplôme requis par l'Ordre national des médecins.

« Le Collège national des chirurgiens français, présidé par le Pr Louis-François Hollender, ancien président de l'Académie de chirurgie et membre de l'Académie nationale de médecine, regroupe la majorité des chirurgiens hospitaliers et libéraux.

« Après la pénurie d'infirmières et d'anesthésistes, c'est l'insuffisance de chirurgiens qualifiés et, par voie de conséquence, la sous-qualification de nombreux praticiens qui laissent planer des menaces dans les blocs opératoires.

« Au delà du secteur hospitalier public, lieu de formation de base et de perfectionnement des chirurgiens, c'est l'ensemble de la chirurgie française qui est en état de survie, en raison de l'absence de renouvellement de la profession. Une situation qui ne manquera pas d'avoir des conséquences dramatiques sur la qualité des soins et de la santé de la population.

« Alors que la démographie médicale explose, le nombre de chirurgiens qualifiés diminue. Les jeunes médecins se détournent de cette spécialité qui exige la formation la plus longue et la plus sélective, comporte les responsabilités les plus étendues, supporte les charges financières les plus lourdes, impose les contraintes physiques les plus sérieuses, mais implique la carrière la plus courte.

« Hier, voie royale prisée par les premiers sortis au concours de l'internat, la chirurgie est devenue le parent pauvre de la médecine française dans tous les sens du terme.

« A l'issue du concours de recrutement de praticiens hospitaliers, le nombre de postes non pourvus par des titulaires est inquiétant. Ces postes sont occupés, à titre temporaire, ou même définitif, par des praticiens qui n'ont pas suivi la formation requise et avalisée par l'Ordre national des médecins, pour obtenir la qualification de chirurgien : doctorat en médecine + 5 années d'internat qualifiant + 2 années au minimum de clinicat dans la spécialité.

« Rappelons qu'il faut 15 ans d'études pour former un chirurgien qualifié, 20 ans pour un chirurgien confirmé, 25 ans pour un chirurgien enseignant.

« Comme le révèle l'enquête du Collège national des chirurgiens français : dans les 80 hôpitaux publics qui concernent 406 postes pourvus, 101 praticiens, soit 25 %, exercent la chirurgie sans qualification. Et encore cette statistique ne tient-elle pas compte des postes vacants, ce qui aggrave la pénurie de chirurgiens qualifiés.

« Les praticiens non qualifiés par l'Ordre ne pourraient d'ailleurs pas exercer dans le secteur privé, aucune compagnie n'accepterait, en effet, d'assurer le risque encouru en responsabilité civile professionnelle au bénéfice du patient.

« Les chirurgiens libéraux ne sont pas mieux lotis en raison de multiples contraintes qui pèsent sur l'exercice de leur profession et, au premier chef, leurs charges qui ont progressé sans aucune contrepartie.

« Une telle situation va à l'encontre de l'image du chirurgien "nanti" incarnée par quelques réussites médiatisées. En fait de mandarins, les chirurgiens sont en voie de jouer le rôle de "coolies" de la médecine française. (...)

« Si l'on n'y prend pas garde, un jour prochain les chirurgiens qualifiés deviendront rares. Par qui serez-vous opéré demain ? »

La main d'Esculape

Discours syndical, craintes exagérées, alarmisme ? Pas du tout. Pour avoir la preuve de la gravité du mal, quittons les proclamations médiatiques et glissons-nous furtivement dans la salle qui abrite les débats à huis clos du Collège des chirurgiens, au début de 1994. Voici quelques extraits du compte-rendu sténotypique des débats :

« Dr P. : J'ai été nommé expert en 1968. L'appendicectomie était alors à 500 francs, et l'expertise à 500 francs. Aujourd'hui, l'appendicite égale 675 francs, l'expertise judiciaire 2 500 francs. Ce qui prouve bien la dégradation. »

« Dr H. : Une vésicule pour un individu lambda aux États-Unis, c'est 5 000 dollars. Nous, on est avec nos

1 000 francs et on nous donne 200 francs de plus si l'on va jusqu'aux T.A.S.S.[1] ! Je suis vraiment désespéré. J'ai 46 ans, onze ans d'installation. J'ai au mois d'octobre un collègue qui s'associe avec moi. Je trouve qu'il a beaucoup de courage de sortir du confort des hôpitaux pour prendre le risque d'une pratique privée. Je dois dire que maintenant j'aime beaucoup mieux le dimanche après-midi aller au golf que de faire une appendicite qui "m'emmerde" et pour laquelle je paie mon aide. Et si c'est une péritonite, cela me coûte beaucoup plus cher d'opérer le malade que de ne pas l'opérer. Alors on abandonne tout cela. Abandonnons. On n'est pas au niveau du moindre chirurgien italien ou portugais. »

« Dr G. : Si la chirurgie en est arrivée à ce point, c'est le résultat des trente dernières années pendant lesquelles la chirurgie a été gérée (ou soi-disant telle) par les organisations polycatégorielles, qui considèrent toujours les chirurgiens comme des privilégiés[2]. »

Ce que les chirurgiens se disent entre eux, hors de la présence de toute personne extérieure à leur profession, c'est bien la vérité telle qu'ils la ressentent et la vivent. Oui, vraiment, la Sécu a fait du beau travail ! Ah ! qu'il doit être dur d'être chirurgien et d'imaginer le jour où l'on aura — et cela ne manque jamais d'arriver — un de ces princes de la Sécu ou l'un de ses complices de la politique au bout de son bistouri. L'arme fatale, en quelque sorte. Mais voilà, même si par impossible le praticien fomentait le rêve insensé de planter son instrument d'un coup d'un seul à l'endroit propice pour envoyer ce mortel adversaire ad patres, au dernier moment la main d'Esculape retiendrait son geste et guiderait sa main avec habileté et douceur pour lui faire accomplir, une fois de plus, l'acte qui sauve.

---

1. Ce chirurgien fait allusion au caractère rétrograde de la nomenclature des actes, interprétée dans un sens systématiquement restrictif par la Sécu, ce qui oblige les praticiens à se défendre, pour faire valoir leurs droits, devant les tribunaux des affaires de sécurité sociale. De quoi dégoûter le plus procédurier des hommes de loi, alors, un chirurgien !

2. *Cahiers de chirurgie*, n° 90, 2/1994.

Les princes de la Sécu ont bien de la chance qu'Apollon ait sauvé son fils en l'arrachant au ventre de sa mère déjà morte, donnant à la médecine, en même temps qu'un dieu, la vénération de la vie. Car sans ce mythologique et glorieux passé, il y a bien longtemps qu'au lieu de médecins nous aurions des « techniciens de santé », comme l'univers collectiviste a tenté d'en produire. Nous vivons encore des principes trois fois millénaires qui naquirent sur les collines inspirées de la Grèce antique. Mais pire que les Harpies, la Sécu veille, qui pourrait bien leur apporter le trépas. Esculape fut le médecin des Argonautes, quand ils couraient les mers en quête de la Toison d'or. Ô mânes de Jason, venez en aide, d'un ultime coup d'épée, aux fils d'Asclépios et à tous ceux qui en attendent le salut !

La cour de l'Inca

Ce ne sont pas les princes de la Sécu qui ont les premiers mis en marche la machine à broyer. Les technocrates leur ouvrirent la voie, avant de leur passer un hautain relais. L'histoire retiendra sans nul doute le nom de Valéry Giscard d'Estaing. Non pas pour les bienfaits de sa présidence. Ils furent rares, et lui-même admet sans qu'on l'en prie qu'il n'en restera rien. Au point qu'on ne peut que s'étonner de son obstination à tenter de la reprendre. Mais sans doute ne faut-il y voir que l'effet de la programmation qui, de toute éternité, l'y destinait. Si les technocrates se cherchent un dieu pour l'avenir, nul doute que Giscard ne puisse leur en fournir les traits. Et comme à toute grande carrière mythique il faut un acte fondateur, choisissons pour Giscard la mise à mort des frères Judet.

Naturellement, nous ne parlons qu'au sens figuré. Les bains de sang n'ont pas cours dans l'empyrée administratif où nos dieux et demi-dieux contemporains tiennent leurs nobles assises. Leurs crimes sont de papier. Et c'est du papier qu'ils voient couler des veines de leurs victimes. Car ces êtres de chair et de sang — qu'ils jugent, condamnent, font souffrir et parfois tuent — n'ont pour eux aucune existence réelle. Ils ne sont qu'éléments statistiques, ou au mieux cas d'espèce dignes d'une fiche individuelle.

Les frères Judet étaient des médecins de réputation internationale, spécialisés dans la chirurgie osseuse. Pour une banale affaire de redressement fiscal, ils furent mis au banc d'infamie. Le procédé était nouveau. Jusque-là, il était admis qu'un différend fiscal se terminât par des pénalités financières. Les suites judiciaires étaient exceptionnelles. Ce modus vivendi découlait de l'invraisemblable système fiscal dont est affligé notre pays, qui voit l'impôt sur le revenu épargner la moitié des foyers fiscaux potentiels et reposer pour l'essentiel sur environ 20 % des contribuables. Ces derniers sont les locomotives du pays et tout est fait pour les décourager. Absurde ? Pas tant que cela. On retrouve dans cet état de fait à la fois la doctrine de l'Inca et l'idéologie niveleuse des classes moyennes.

Si l'impôt sur le revenu était destiné à procurer des ressources à l'État, comme chacun le croit, il y a bien longtemps qu'on en aurait modifié l'assiette. Sa concentration sur un nombre relativement peu élevé de personnes physiques le condamne à un rendement médiocre. Comment se fait-il donc qu'un État aussi insatiable et dépensier que le nôtre se prive d'une aussi belle source de recettes ? C'est qu'entre deux maux il a, une fois pour toutes, choisi le moindre. Le mal d'argent n'est pas pour lui mortel. Placé à tous les carrefours stratégiques de la vie économique et familiale, il n'a qu'à poser sa patte velue pour ramasser la mise. Qu'un Français fasse le plein d'essence de sa voiture, remplisse son caddy au supermarché, vende son appartement ou hérite, il doit verser un pourcentage à l'État. C'est de cette activité digne de Prosper que celui-ci tire l'essentiel de ses ressources. Une simple variation du taux de prélèvement lui permet d'assouvir tout besoin nouveau. Dès lors l'impôt sur le revenu peut être cantonné à sa fin véritable : l'asservissement de la classe entreprenante.

Qui a vocation à diriger l'État ? Les citoyens les plus dynamiques, les plus actifs, les mieux formés aux responsabilités. Jusqu'aux années soixante, c'est ainsi que se passaient les choses. Les technocrates issus de la classe moyenne, fonctionnaires, donc au service de la collectivité, n'avaient aucun titre à réclamer le pouvoir. Fort habilement, ils se gardèrent bien de le faire. Ils se contentèrent de faire peser sur les dirigeants naturels du pays un joug administratif et financier de plus en plus lourd, qui finit par ôter à ces derniers à la fois les moyens et l'envie d'exercer les fonctions qui leur revenaient de droit.

Qu'on ne s'y méprenne pas. Ce droit au pouvoir que nous évoquons n'a pas le moindre caractère sacré ou divin. Il est tout simplement conforme à la logique des sociétés humaines qui, pour se sauver ou être prospères, confient le soin de les conduire aux plus aptes de leurs membres. Toute atteinte à cette règle ne peut être qu'une usurpation et mène régulièrement au désastre. Mais que vient faire l'Inca dans tout cela ? Eh bien, à sa cour, l'étiquette exigeait qu'on se présentât avec une charge sur le dos afin de bien montrer sa soumission. Le protocole fiscal en vigueur en France n'a pas d'autre justification. Et ça marche ! La classe entreprenante passe son temps à gémir stupidement et n'est plus capable de se révolter. Ni même d'en concevoir l'idée. Les technocrates ont gagné. Ils ont le pouvoir, et les « affaires » en cours montrent qu'ils ont entrepris depuis longtemps déjà de se partager l'argent.

L'affaire des frères Judet fut un véritable électrochoc pour la classe médicale, et au delà pour la bourgeoisie traditionnelle. On peut la comparer, toutes proportions gardées, à la mise à mort des Templiers par les légistes de Philippe le Bel. En leur réservant un traitement indigne, Giscard faisait éclater au grand jour une vérité que seuls connaissaient, jusque-là, les mieux informés des citoyens : le pouvoir, en France, venait de changer de mains.

Il ne faut pas chercher ailleurs les raisons de la haine tenace qu'une partie non négligeable de l'opinion voue à Giscard et qui lui interdira à jamais de retrouver son trône perdu. Cet homme a trahi sa famille naturelle et, pour mieux l'asservir, s'est appuyé sur des mercenaires issus de la classe moyenne en leur promettant quelques miettes du festin. Ils n'ont pas mis longtemps à se débarrasser de lui et à festoyer pour leur compte. C'est le sort de tous les condottieres maladroits. Les autres entrent dans l'histoire, fût-ce en mauvaise part.

Loups du Grand Nord

Pour qu'on ne s'imaginât pas, dans la classe entreprenante, que les châtiments seraient réservés aux plus notables, il importait que d'habiles sanctions fussent distribuées à de moindres échelons. Et là encore, les technocrates, retrouvant avec un naturel touchant les gestes de toute armée d'occupation, procédèrent à la prise d'otages et à leur exécution pour l'exemple. C'est ainsi qu'au début des années quatre-vingt, une ville moyenne du midi de la France fut le théâtre d'une symbolique et écœurante affaire.

Depuis une vingtaine d'années, les médecins des hôpitaux publics avaient le droit de consacrer une partie de leur activité à un secteur privé. Cette disposition avait été introduite dans la réforme hospitalière faite par le gouvernement de Michel Debré afin de permettre aux praticiens hospitaliers, qui à l'époque exerçaient presque tous également en ville, de conserver leur clientèle. Il s'agissait d'une mesure intelligente, pragmatique, bénéfique pour les malades et leurs praticiens traitants, et évidemment transitoire, puisque la loi instituait le service à plein temps pour les médecins hospitaliers. Logiquement le secteur privé à l'hôpital devait disparaître lorsque ses derniers bénéficiaires partiraient à la retraite. C'était sans compter sur l'incapacité du secteur public, en France, à s'assurer le concours des meilleurs éléments. On ne prend pas les mouches avec du vinaigre, et pas davantage un jeune diplômé, quelle que soit sa passion pour son métier, avec un traitement médiocre et des perspectives de carrière peu exaltantes. Si l'État voulait bien s'occuper de moins de choses, il serait capable de mieux payer ses agents. Il est vrai aussi que le goût immodéré et quasi pathologique des Français pour les emplois à vie ne pousse guère l'État à réduire son personnel...

Faute de pouvoir payer convenablement les médecins, et dans la crainte de les voir quitter l'hôpital pour l'exercice libéral, il fallut bien se résoudre à faire d'une disposition transitoire un élément régulier de leur rémunération. Même si ce n'était pas son but avoué, la réforme Debré s'inscrivait dans la stratégie de prise de pouvoir des technocrates. Les médecins des hôpitaux une fois salariés et — à terme — uniquement salariés, l'administration aurait tout pouvoir sur eux. L'existence d'un secteur privé représentait un élément d'indépendance et par conséquent un chiffon rouge agité sous le nez de la technocratie triomphante.

La suppression de ce vestige de liberté était dans l'air bien longtemps avant de figurer dans le programme commun de la gauche. Naturellement on préparait le terrain par la dénonciation, à intervalles réguliers, des abus auxquels ce secteur privé donnait lieu. Qu'il y en eût n'était pas douteux. Mais on n'offrait en pâture au public que quelques cas isolés et extrêmes et non les moyennes que le pouvoir connaissait parfaitement et qui démontraient par exemple que les médecins des hôpitaux non universitaires tiraient de leur secteur privé environ 30 % de leur salaire imposable, ce qui est loin des primes s'ajoutant au traitement des fonctionnaires de formation comparable. Il eût été facile au demeurant de rendre tout abus impossible par quelques mesures administratives simples. On ne les prit pas parce que ce n'était pas nécessaire et qu'on préférait se garder quelques abus sous le coude pour justifier la solution finale.

J'ai vu à la télévision un documentaire bien intéressant sur la manière que les loups du Grand Nord ont de chasser. Loin de se jeter férocement sur le premier gibier venu, ils se lancent en meute contre le troupeau de ruminants qu'ils ont repéré et, à force d'incursions dans ses rangs pour le désorganiser, de coups de crocs furtifs pour affoler les proies, ils finissent par en isoler une, plus faible que les autres ou plus malchanceuse et, laissant filer le gros de la troupe, procèdent calmement à la curée. Il y a là un aspect organisé et méthodique, très éloigné de l'idée qu'on se fait des animaux réputés « sauvages », qui a d'étranges ressemblances avec la façon de procéder de l'Administration.

Celle-ci ne s'attaquera jamais à un groupe fortement structuré, ni même à un individu décidé à pousser sa résistance jusqu'au scandale. Elle repère ses proies grâce à des auxiliaires locaux, eux-mêmes membres de l'Administration ou simples dénonciateurs « civiques », qui lui signalent les personnes dont le châtiment sera à la fois exemplaire et facile. La victime ne doit pas être un pauvre type, car dans ce cas personne ne se reconnaîtra en lui ni ne prendra peur. Non, il faut que cela soit quelqu'un qui réussisse bien, qui soit aimé des gens. Ainsi son châtiment démontrera à tous que ni le succès, ni la protection — que devraient normalement valoir les services rendus à la population — ne peuvent mettre quelqu'un à l'abri des justes sanctions auxquelles l'Administration a décidé de procéder. Il doit être admis par chacun que celle-ci frappe quand elle le veut, où elle le veut.

Pour l'exemple

Le Dr R. était la victime rêvée. Chirurgien, chef du service d'orthopédie et de traumatologie du centre hospitalier de F. (une ville moyenne du sud de la France), il était estimé par ses pairs et jouissait d'une excellente réputation auprès des patients. Mais sa réussite suscitait des jalousies locales et lui valait notamment l'hostilité avérée du directeur de l'hôpital. Disposant d'un secteur privé, il en retirait environ le tiers de ses revenus, ce qui le plaçait dans la moyenne. Ce n'était donc ni une vedette nationale ni un obscur. On savait à Paris qu'il ne serait pas soutenu — c'est un euphémisme — par son administration locale et que, père de six enfants, sans fortune personnelle, il ne pourrait résister longtemps.

Pour ne pas avoir l'air de ne s'en prendre qu'à lui, donc d'en faire une affaire personnelle, il fut décidé en haut lieu de l'associer dans l'infortune à un autre chef de service du même hôpital. Un membre de l'Inspection générale des affaires sociales reçut mission « de vérifier la relative bonne adéquation des déclarations faites par les praticiens eux-mêmes de leur activité privée avec les statistiques de la Sécurité sociale ». L'inspecteur n'eut besoin que d'un court après-midi sur place pour tout comprendre [1]. Pour lui, l'affaire était exemplaire et la cause entendue. Au travers du comportement de ces deux chirurgiens, on pouvait avoir « une manière de vue synthétique de ce qui se colporte dans le domaine des secteurs privés et des déviations qu'ils peuvent susciter ».

Faisant soudain fi des circonlocutions administratives, l'inspecteur passait au langage épique : « Ces chirurgiens font figure de rebelles irréductibles qui tentent de reconstituer leur suzeraineté dont l'hôpital est le fief, la direction le vassal, et les malades les serfs... On ne saurait bien entendu laisser se reconstituer ce type de féodalité sans chevaliers ! » Tout est dit. A la nouvelle suzeraineté de cette fin du vingtième siècle, fondée sur le pouvoir des technocrates et de leurs affidés, rien ne doit pouvoir s'opposer et surtout pas les insupportables prétentions de l'ancienne élite. Et sans s'embarrasser de fioritures, l'inspecteur concluait par la phrase qu'il tenait prête depuis longtemps : « Finalement, la description des comportements de ces deux chefs de service conduit à s'interroger une nouvelle fois sur l'existence même du secteur privé qui semble désormais gagné un peu partout par une espèce de gangrène plus ou moins profonde. »

Quelques semaines plus tard, la sanction tombe. Par décision du ministre de la santé et de la sécurité sociale,

1. Ces gens sont d'une intelligence perçante, il faut le savoir, sinon ils « ne seraient pas douaniers ».

Jacques Barrot, les deux chirurgiens sont suspendus de leurs fonctions « dans l'intérêt du service ». Le nom de Jacques Barrot au bas d'une telle décision ne doit pas surprendre. Quand une vilenie s'accomplit quelque part, il y a toujours un démocrate-chrétien pour la signer ! Nos deux médecins durent attendre de longs mois pour que le Conseil national de discipline daignât se pencher sur leur cas. « Au total, écrit le journal *Le Monde*, ces deux chirurgiens ont été maintenus éloignés de leur service (pendant) une période supérieure à la durée maximale de la suspension prévue par l'article 92 du décret du 8 mars 1978 en application duquel la mesure avait été prise. »

Ce qui prouve que la loi n'est pas faite pour les seigneurs mais pour les manants, comme aurait pu l'écrire, dans son envolée lyrique, l'inspecteur ci-dessus cité. Et *Le Monde* n'hésitait pas à tirer la morale de cette affaire en des termes qui auraient dû indigner l'opinion publique, mais qui la laissèrent de marbre, tant elle n'est sensible qu'à l'annonce de l'incrimination et non à celle de l'innocence : « Il semble aujourd'hui qu'ils avaient été choisis pour servir d'exemple à un moment où le ministère cherchait à faire preuve de sa volonté de "moraliser" le secteur privé des hôpitaux publics [1]. » La suite de l'histoire est la meilleure preuve qu'on puisse apporter non de la permanence de l'Administration — il y a longtemps qu'elle a été faite —, mais du peu d'importance des hommes politiques dans la conduite des affaires du pays. Les légistes de Philippe le Bel respectaient le roi parce qu'ils n'existaient que par lui, qui était revêtu de l'onction sainte...

Les technocrates se moquent éperdument des politiciens qui ne sont pour eux, selon le mot même d'un parlementaire, que des nénuphars, c'est-à-dire le plus bel ornement de la mare. La rupture politique de 1981, avec la venue au pouvoir de la gauche, ne fut un changement que pour les députés battus, qui durent se recaser tant bien que mal ; et pour les instituteurs barbus qui

---

1. *Le Monde*, 14 janvier 1982.

les remplacèrent au Palais-Bourbon. Le vrai pouvoir, quant à lui, était resté dans les mêmes mains. Le Dr R. n'allait pas tarder à l'apprendre à ses dépens. Il se croyait définitivement blanchi et pensait pouvoir se consacrer à ses malades. Erreur profonde. Les technocrates n'avaient pas eu sa peau et ils n'aiment pas rester sur un échec.

Fidèlement secondés par leurs relais et mouchards locaux, ils entreprirent une nouvelle chasse à l'homme. Quelques années auparavant, alors qu'il est d'astreinte chez lui, le Dr R. est appelé au téléphone par l'interne de garde. Un jeune homme de 17 ans a été victime d'un accident de la circulation. Le Dr R. se fait décrire les symptômes et estime que l'état du malade nécessite son transfert immédiat dans le service spécialisé de neurochirurgie de l'hôpital d'une grande ville voisine, à environ quarante minutes d'ambulance de là.

Malheureusement — et malgré l'assistance d'un médecin — le jeune blessé meurt pendant son transfert. Une information judiciaire est ouverte. Elle conclut que le Dr R. n'a commis aucune faute.

Solidarité médicale

C'est cette affaire que nos technocrates décident d'exhumer. Quatre ans presque jour pour jour après les faits, une nouvelle plainte est déposée par la mère de la victime. On n'a pas de mal à imaginer que des gens bien intentionnés ont laissé entendre à cette malheureuse femme que, cette fois-ci, son action serait couronnée de succès. Et de fait, peu de temps après, le Dr R. est convoqué par un juge d'instruction qui l'inculpe aussitôt et le place sous contrôle judiciaire... à compter du lundi suivant, soit quatre jours plus tard. Ce qui signifie que pendant quatre jours le Dr R. va pouvoir — et devoir — assumer pleinement la responsabilité de son service et ses gardes, et qu'opérant en urgence un fémur le dimanche matin il ne pourra pas revoir son malade le lundi. L'urgence médicale et l'urgence judiciaire sont deux notions manifestement incompatibles, si l'on en juge par cette affaire.

La presse, comme il se doit, est aussitôt prévenue, et la radio annonce même que le Dr R. a été mis en état d'arrestation. On se doute de l'effet produit sur les patients, les amis et la famille du médecin. Des chirurgiens italiens que celui-ci attendait pour une séance de travail, consternés, décident de rentrer chez eux. Pour de la belle ouvrage, c'est de la belle ouvrage ! Car, précisons-le, le Dr R. n'a pas été questionné par la justice, et son inculpation ne repose que sur des témoignages dont il n'a pas été informé et qu'il n'a pu contredire. On répondra peut-être qu'en droit français l'inculpation a précisément pour objet de permettre à la personne mise en cause d'avoir accès au dossier. Mais pourquoi, plus de quatre ans après les faits, une mesure de contrôle judiciaire et une interdiction d'assurer son service ?

Bien entendu, le Dr R. demande au juge de rapporter cette mesure. Dans son ordonnance de rejet de mainlevée, le magistrat a cette phrase qui est une grande première judiciaire en France : « La Justice est saisie, les faits maintenant connus, il convient de les sanctionner sans délai » ! Notre pays vient de passer d'un coup d'un seul au régime du juge unique, celui qui instruit et condamne !

Puisque le Dr R. n'est plus — en raison de la décision du juge d'instruction — présent dans son service, l'administration de l'hôpital... décide de ne plus le payer. Comme si l'intéressé avait quitté l'établissement de son plein gré ! La vie de cet ancien médecin militaire, élève apprécié d'un des plus grands chirurgiens français, le professeur Trillat, chirurgien reconnu par ses pairs, aimé de ses malades, père de six enfants, sans la moindre fortune personnelle et dont les maigres économies passent très vite en frais d'avocats, vient de basculer dans l'horreur. Il n'a devant lui que des mois, peut-être des années de combat judiciaire et administratif et plus un centime pour les payer ni pour nourrir sa famille. Dans une lettre au ministre de la santé, il écrit : « Il me reste le recours au tribunal administratif. Les délais sont trop longs, vous m'aurez supprimé entre-temps. Avant la grève de la faim ou le suicide, je vais nécessairement ameuter la presse et rallier les syndicats. » Ce qu'il fait.

C'est à ce moment que je l'ai connu. Je n'oublierai jamais l'état psychologique, fait de combativité et de désespoir mêlés, dans lequel cet homme digne et courageux se trouvait alors. Nous venions de créer, avec Bernard Debré, Raymond Gatelmand, Bernard Pommey et beaucoup d'autres, Solidarité médicale, une union des professionnels de santé pour lutter contre la collectivisation de la médecine, telle qu'elle figurait dans le programme socialo-communiste et que le gouvernement Mauroy commençait de la mettre en œuvre. Notre vocation n'était pas d'intervenir dans les cas individuels, ce qui était plutôt du domaine des syndicats traditionnels, mais, sensibles à l'incroyable injustice dont notre confrère était victime, nous décidâmes de l'aider. Financièrement, moralement, politiquement.

Je sais, pour lui avoir téléphoné presque quotidiennement pendant cette période, par quelles affres il est passé. Je sais aussi ce que peut être la morgue insupportable d'un technocrate. Je n'oublierai jamais non plus ce petit monsieur du ministère de la santé qui avait daigné recevoir à notre demande le Dr R. et qui se plaignait des emportements dont celui-ci avait osé lui donner le spectacle, alors même qu'il faisait, à cet homme à bout, l'inestimable présent d'une demi-heure de son précieux temps. Ce petit monsieur, je ne lui souhaite pas de vivre un jour ce que le Dr R. a vécu. Si tel devait être le cas, je ne suis pas certain de pouvoir pousser la charité jusqu'à le plaindre !

À un salopard

Le Dr R. fut aussi aidé — avant nous — par un journaliste exemplaire, Robert Toubon, qui dirigeait alors la rédaction du *Quotidien du médecin*. Défense corporatiste, diront certains. Pas du tout. C'est en homme que

Robert Toubon avait réagi. Comme il connaissait cette affaire depuis plus longtemps et mieux que moi, j'étais allé le voir pour lui demander, avant d'engager Solidarité médicale dans sa défense, si ce confrère nous disait bien tout. J'étais convaincu de sa parfaite innocence, mais je n'avais pas le droit de compromettre l'action nationale que nous menions par une légèreté ou une imprudence. Robert Toubon, dont la rédaction avait longuement et sérieusement enquêté sur cette affaire depuis ses débuts, m'apporta non seulement tous les éléments de fait qui plaidaient en faveur du Dr R., mais aussi la force de sa conviction de grand journaliste et d'homme juste.

J'ai cité, au début de cet ouvrage, l'article de presse que je juge le plus honteux. Voici à présent le plus admirable. Il est paru le 9 février 1982 dans *Le Quotidien du médecin*, en plein cœur de la tourmente qui emportait le malheureux chirurgien de l'hôpital de F. Il est signé de Robert Toubon et s'intitule « Lettre ouverte à un salopard à propos de la nouvelle affaire R. ». En voici, pour l'honneur de la presse française, le texte intégral.

« Monsieur (ou peut-être Madame),

« J'ai bien trouvé, à mon retour de vacances, votre délicat envoi anonyme, où vous me communiquiez si obligeamment les articles de la presse locale ayant trait à la dernière résurgence du dossier R.

« Mais votre sollicitude à mon endroit, bien que touchante, était inutile : en mon absence, mes collaborateurs avaient été dûment informés. C'est fou ce que l'on peut trouver de braves gens tout disposés, dans ce pays, à dénoncer leur voisin... Je vous remercie, cependant, de votre petit "poulet", qui me conforte dans l'idée que je me suis toujours faite du niveau des attaques dirigées depuis toujours par une petite mafia locale dans laquelle on retrouve pêle-mêle des confrères qui ne le sont guère, des cadres hospitaliers qui règlent leurs comptes personnels et des élus locaux de l'ex-majorité, décidément bien mal inspirée.

« Quoi qu'il en soit, ce qu'il m'intéresserait de connaître, c'est la raison de tout cet acharnement. Car il ne vous avait pas suffi, à vous et à vos pareils, des cinq mois de suspension indûment infligés au chirurgien de l'hôpital de F., l'an passé, pour l'usage prétendument abusif qu'il aurait fait de son secteur privé. Car le Dr R., malgré la violence et la bassesse de vos attaques, avait finalement été totalement blanchi par le conseil de discipline des médecins hospitaliers, et réintégré.

« Le calme revenait, la tempête s'apaisait, le Dr R. retrouvait ses malades et ses amis, il était invité à participer aux travaux de la commission de réforme des études médicales... C'en était plus que vous ne pouviez supporter ! Il vous suffit d'user de la procédure pour ressortir une affaire de non-assistance à personne en danger remontant à 1977 et dans laquelle la responsabilité du chirurgien avait été écartée par trois instances : la direction des hôpitaux sous Simone Veil, la commission de discipline présidée par le directeur de la santé sous Jacques Barrot, et le Conseil de l'Ordre en décembre dernier.

« Tout cela non seulement n'a pas suffi au juge d'instruction, mais ne l'a pas empêché d'inculper, sans l'avoir entendu, un homme que l'on peut ainsi, en toute impunité, insulter, ruiner de réputation et affamer. Suspendu de l'hôpital, le Dr R. n'aura en effet plus droit à un traitement correspondant à un service qu'il ne peut plus rendre ; mais il ne peut exercer ailleurs qu'en démissionnant. Ce qui est d'ailleurs le but manifestement poursuivi par ses adversaires.

« Bravo, Monsieur (ou Madame) : voilà ce qu'on appelle de la belle ouvrage. Le Dr R., à qui, malgré les circonstances, on n'a pas accordé le bénéfice de la présomption d'innocence, n'a plus qu'une chose à faire : réclamer la protection du ministre de la santé, qui ne devrait tout de même pas pouvoir admettre que les intérêts des médecins et des malades placés sous sa tutelle puissent être ainsi bafoués.

« C'est dans cet espoir de voir ainsi vos manœuvres une fois de plus déjouées que je vous adresse, Monsieur (ou Madame), l'expression de mon mépris le plus profond.

Robert TOUBON »

Fin d'un calvaire

Quatre mois plus tard, la chambre d'accusation de la cour d'appel levait la mesure de contrôle judiciaire prise par le juge d'instruction, permettant au Dr R. de reprendre immédiatement ses fonctions et de retrouver ses malades qui, malgré les gros titres de la presse locale [1], lui avaient toujours conservé leur confiance.

Ainsi s'achevait le calvaire du Dr R. Il n'avait dû son salut qu'à son exceptionnelle force morale (et je demande à chacun de mes lecteurs si, dans les mêmes circonstances, il aurait été capable de résister), au courage et au talent d'un journaliste et de son journal ainsi qu'à la détermination de quelques confrères conscients que son cas, loin d'être accidentel, était le signe d'une offensive en règle contre les dernières libertés médicales en France — et donc contre la liberté tout court — et que c'est celle-ci qu'on défendait en même temps qu'un homme innocent. La suite des événements allait démontrer la justesse de cette analyse.

Si le Dr R. ne fut plus inquiété, il n'en alla pas de même de ses confrères qui, de plus en plus nombreux et dans toutes les professions de santé, durent subir injustices et avanies de la part du pouvoir technocratique. On pourrait remplir plusieurs gros volumes du récit de ces procédures d'un autre âge, menées par une cohorte de petits chefs haineux et dont certains ont l'incroyable prétention de se parer, face à ceux qu'ils martyrisent, du titre de « confrère ». Quelques exemples suffiront à vous édifier.

---

1. « Le Dr R. inculpé d'homicide volontaire et de non-assistance à personne en danger. »

Mutilations

Un matin d'octobre 1993, les auditeurs d'une grande radio nationale apprirent qu'un chirurgien-dentiste de Saumur venait d'être condamné à un an d'interdiction d'exercice pour « mutilations ». Un frisson de terreur a dû assurément parcourir l'échine de l'auditoire. Et chacun d'imaginer le praticien en train de taillader d'un bistouri devenu fou le visage d'un de ses patients, et chacun de se demander : « Et si ça m'arrivait à moi ? » Et chacun de chercher s'il n'y avait pas, dans l'attitude de son propre chirurgien-dentiste, des signes laissant supposer qu'il pût devenir soudain capable d'un tel crime. Mais, un clou chassant l'autre, on se rassura en oubliant l'affaire de Saumur grâce à l'annonce d'autres crimes, d'autres horreurs.

Pour le Dr Jean-Étienne Le Roy, il n'était pas question de pouvoir oublier. Si nous citons son nom, c'est parce qu'il a décidé de rendre son affaire publique. Elle l'était déjà, d'une certaine manière, mais sans que l'identité du praticien n'eût été dévoilée. Sauf à Saumur et dans les environs, où la rumeur n'avait pas tardé à montrer du doigt le coupable. Quels actes graves avait donc commis le Dr Le Roy pour qu'on lui eût interdit d'exercer sa profession ? Ceux que tous les chirurgiens-dentistes français accomplissent quotidiennement dans leur cabinet !

On sait ce qu'est un bridge. Il s'agit — comme son nom anglais l'indique — d'un pont jeté sur un secteur édenté et reposant sur des piliers qui sont les dents situées de chaque côté de ce secteur. Le praticien réalise donc un bloc constitué de couronnes placées sur les piliers et de dents prothétiques et dispose le tout sur l'espace concerné, reconstituant à la fois la fonction masticatoire et l'aspect esthétique du patient. Celui-ci bénéficie d'un confort parfait, puisque le bridge est scellé dans sa bouche et qu'il peut oublier son existence, exactement comme s'il s'agissait de ses propres dents. Il n'est pas rare que les dents choisies pour servir de pilier au bridge soient saines. Dans ce cas, pour éviter toute complication après la pose du bridge, le praticien doit procéder à leur dépulpation, qu'on appelle le plus souvent « dévitalisation », terme impropre puisque la dent concernée conserve sa vitalité grâce aux échanges circulatoires qui s'effectuent au niveau du parodonte, ligament qui la relie à l'os maxillaire.

La dépulpation s'effectue par l'effraction de la chambre pulpaire, l'extirpation des filets nerveux et sanguins des canaux, le remplissage de ceux-ci par une pâte antiseptique et l'obturation de la dent. Pour condamner le Dr Le Roy, on avait considéré que dépulper des dents pour réaliser un bridge était une « mutilation ». A ce compte, les 38 000 chirurgiens-dentistes français mutilent leurs patients tous les jours et plusieurs fois par jour ! De même tout chirurgien opérant un malade le mutile, puisqu'il doit lui aussi procéder à une effraction d'une partie de son corps. Et pourquoi ne pas pousser le délire à l'extrême en prétendant que le coiffeur qui vous coupe les cheveux vous mutile lui aussi, puisqu'il sectionne une partie de vous-même ?

Juridictions corporatistes

La question que vous ne pouvez pas manquer de vous poser est dès lors la suivante : pourquoi les magistrats qui ont condamné le Dr Le Roy n'ont-ils pas fait appel à des experts, qui n'auraient pu manquer de leur indiquer que ce chirurgien-dentiste n'avait rien fait d'autre que de respecter les règles établies de son art ? Eh bien, pour une simple et étrange raison : c'est qu'ils étaient eux-mêmes en majorité des chirurgiens-dentistes !

Je sens bien qu'il va falloir vous donner de plus amples explications. Le tribunal qui a condamné le Dr Le Roy est une de ces très nombreuses instances à qui l'on a donné des pouvoirs de justice sans offrir aux justiciables les garanties dont ils disposent dans les juridictions ordinaires. C'est une étrange idée que de faire rendre la justice — mission hautement complexe et délicate — par des gens qui n'ont aucune compétence en la matière. Or c'est le choix qu'a fait la France en confiant ce soin à des juridictions corporatistes. Choix d'autant plus absurde qu'il ne dessaisit nullement les tribunaux de l'ordre judiciaire de leurs attributions en la matière, et que les mêmes faits peuvent être poursuivis concurremment devant ces diverses instances.

Au premier rang de ces juridictions corporatistes figurent les conseils de l'Ordre. Outre leurs fonctions administratives — qui pourraient parfaitement être remplies par n'importe quelle administration sans qu'il soit nécessaire de ponctionner lourdement les membres de la profession pour payer les dépenses de l'Ordre —, ils exercent un rôle disciplinaire. Chez les médecins et les chirurgiens-dentistes, l'Ordre dispose de deux instances à cet effet, la section disciplinaire et la section des assurances sociales. La première ne comprend, au niveau régional, que des praticiens, mais est présidée en appel par un magistat du Conseil d'État. La seconde est constituée de cinq membres, désignés à raison de deux par l'Ordre et de deux par la Sécu, et présidée par un magistrat de tribunal administratif en première instance ou du Conseil d'État en appel.

On pourrait penser que la présence de magistrats de métier est une garantie suffisante. Il n'en est rien. Certes les magistrats de métier peuvent éviter à leurs collègues amateurs les erreurs de droit. Mais ils ne peuvent en rien déceler les erreurs de fait qui seraient commises par ces derniers, puisqu'ils ont affaire à des gens qui, en la matière, sont plus savants qu'eux. Les vrais magistrats en sont donc réduits à faire confiance à la compétence et à l'objectivité de leurs collègues amateurs. Quand ceux-ci en font preuve, les choses se passent à peu près bien. Dans le cas inverse, on peut aboutir à des monstruosités inacceptables dans un pays civilisé et un État de droit.

Tel est le cas dans l'affaire du Dr Le Roy et dans beaucoup d'autres. Si bien que les pouvoirs publics ne peuvent plus désormais éviter de se demander s'il ne convient pas de réformer radicalement ou de supprimer ces juridictions corporatistes. D'autant que la Cour européenne des droits de l'homme ne manquera pas, dans les prochaines années, de condamner la France à l'occasion de plusieurs affaires où les droits les plus élémentaires de la défense n'ont pas été respectés dans ces instances d'un autre âge, amenant par là même le gouvernement à les bouleverser sous la contrainte et non — ce qui serait plus honorable — de son plein gré.

Dans le collimateur

C'est la section des assurances sociales du conseil de l'Ordre qui a condamné le Dr Le Roy. De toutes les juridictions corporatistes, c'est de loin la plus bizarre, puisque la Sécu y est à la fois juge et partie ! C'est en effet à sa demande que les praticiens y sont déférés et elle y siège à parité avec les représentants de l'Ordre. De plus — et c'est l'un des aspects les plus choquants de cette invraisemblable procédure — s'il y a expertise, aucune contre-expertise ne peut être demandée ! Comme c'est la Sécu qui rémunère les experts, ceux-ci n'ont pas forcément une irrésistible propension à conclure dans un sens qui déplairait à leur employeur, celui-ci ayant le droit de s'opposer systématiquement à leur désignation.

Il suffit donc qu'un médecin ou un chirurgien-dentiste soit pris, pour une raison ou pour une autre, dans le collimateur de la Sécu pour qu'il ait à craindre le pire. Rien n'est en effet plus facile à monter qu'un dossier accusateur. Il suffit à la Sécu de contrôler systématiquement les actes d'un praticien pour relever des erreurs vénielles ou des cotations d'interprétation délicate, en raison du caractère désuet de la nomenclature, et qui, additionnées et habilement présentées, peuvent apparaître comme des fraudes caractérisées. C'est ainsi que, dans le cas du Dr Le Roy, la Sécu, pour faire bonne mesure et rendre ce praticien encore plus détestable à la section des assurances sociales, avait ajouté à ses accusations de « mutilations » celles d'« actes fictifs ». Là encore, la qualification paraît accablante. Car elle ne peut viser qu'une véritable escroquerie commise par le praticien, celui-ci faisant payer à son patient et rembourser par la Sécu des actes qu'il n'aurait pas effectués.

Quand on examine le dossier du Dr Le Roy, on s'aperçoit que les actes ne sont déclarés fictifs que par le praticien-conseil de la Sécu, sans aucune confirmation d'expert, et que ses accusations sont pour le moins hésitantes, puisqu'il emploie des formules telles que cela « pourrait se révéler être un acte fictif » ou bien qu'il convient de savoir « s'il s'agit ou non d'un acte fictif ». En réalité, le Dr Le Roy avait pratiqué, dans la plupart de ces cas, ce qu'il est convenu d'appeler des reprises de traitement canalaire, qui consistent à retraiter des canaux dentaires dont l'obturation peut s'avérer déficiente, notamment à la suite d'infiltrations dues à des caries. En dépit des radiographies fournies par le Dr Le Roy et prouvant la réalité de ses interventions, la Sécu avait maintenu ses accusations. Dans un autre cas, la Sécu était allée jusqu'à se livrer à un faux, puisqu'elle appuyait ses affirmations d'un prétendu témoignage manuscrit du patient concerné. Or ce dernier certifia « n'avoir jamais rédigé ce document » et produisit un long spécimen de sa véritable écriture, révélant l'incroyable supercherie de la Sécu.

Quant à l'unique expertise réalisée, elle en dit long sur les mœurs étranges du royaume de la Sécu. L'expert prétend, dans son rapport, avoir établi celui-ci au vu d'un cliché radiologique. Or il a avoué, au cours de l'expertise, ainsi qu'en atteste la patiente examinée, qu'il ne possédait pas cette radio. Contrairement à la loi, l'expert refuse au Dr Le Roy d'être présent pendant l'expertise, comme l'établissent les déclarations du Dr Le Roy et de la patiente. Ce qui n'empêche pas l'expert d'affirmer dans son rapport que le Dr Le Roy était présent. De plus, l'expert commet une invraisemblable erreur, confondant la dent de sagesse du côté gauche avec celle de droite !

Et c'est sur de telles « preuves », avec de tels « documents », que la section des assurances sociales condamne le Dr Le Roy à « la sanction de l'interdiction de donner des soins aux assurés sociaux pour une durée limitée à un an », autrement dit à l'interdiction d'exercer, puisque tout le monde est, par force, assuré social. Rappelons que la section des assurances sociales, sur cinq membres, comprend trois chirurgiens-dentistes, dont deux représentant l'Ordre. Comment des praticiens ont-ils pu accepter de condamner aussi lourdement un de leurs confrères sur un dossier aussi vide, alors même que le Dr Le Roy, après d'excellentes études saluées par ses maîtres, n'avait, en douze années de pratique, à Tours, jamais eu la moindre difficulté avec la Sécu ni l'Ordre, et que le professeur Gourgas, membre honoraire du collège des doyens des facultés de chirurgie dentaire de France et conseiller scientifique de l'Ordre, affirmait dans son témoignage écrit : « Après lecture attentive de son mémoire en défense, sur le fond, j'adhère pleinement à l'argumentation du Dr Le Roy. Ses radiographies, ses commentaires, les témoignages qu'il a recueillis, font table rase de toutes les accusations de la partie adverse » ?

Brimades

Pour comprendre, il faut revenir un peu en arrière. Quand il s'était installé à Saumur, en 1987, le Dr Le Roy avait repris la clientèle d'un praticien qui exerçait en association. Il ne s'aperçut pas qu'il avait été victime d'une malhonnêteté, le praticien cédant ne lui ayant pas révélé qu'en fait il partageait la clientèle du cabinet, et non pas seulement les charges communes, avec son associé. Du coup, le Dr Le Roy se trouvait, sans le savoir, en concurrence avec celui dont il était devenu l'associé. Ce dernier, pour soustraire la clientèle à son nouvel associé, ne tarda pas à déménager.

Un mois plus tard commence le calvaire du Dr Le Roy. Un chirurgien-dentiste-conseil de la Sécu, le Dr B., entreprend en effet de contrôler tous ses actes, convoquant systématiquement ses patients, l'accablant de demandes de renseignements, lui enjoignant de produire radiographies sur radiographies, négligeant de lui restituer les clichés, prenant des délais anormaux pour répondre aux demandes d'entente préalable, multipliant les refus abusifs de prise en charge. Étonné d'abord, puis indigné de ce traitement anormal, humiliant et très néfaste à sa clientèle qui risquait d'être conduite, devant tant de contrôles, à douter de lui, le Dr Le Roy en réfère aux supérieurs hiérarchiques du Dr B., qui couvrent ses agissements, puis au conseil de l'Ordre, qui se désintéresse du dossier, et enfin au procureur de la République. Convaincu que le comportement du chirurgien-dentiste-conseil de la Sécu est contraire à la déontologie, le procureur porte plainte contre lui devant le conseil de l'Ordre.

Un mois après, la Sécu porte plainte à son tour contre le Dr Le Roy devant la section des assurances sociales du conseil de l'Ordre. Compte tenu du vide complet du dossier, on a de bonnes raisons de penser que la Sécu ne se serait pas risquée à porter plainte si elle n'avait dû tenter de justifier, ce faisant, les insupportables brimades infligées au Dr Le Roy. Mais alors pourquoi ces brimades ? Et pourquoi cette condamnation ?

Sur le premier point, nous ne disposons d'aucune information déterminante et en sommes réduits aux hypothèses. Y avait-il un lien entre l'associé du Dr Le Roy et le chirurgien-dentiste-conseil, ce dernier ayant pu vouloir aider le praticien à faire décamper Le Roy en l'écœurant, ce qui aurait laissé l'entier contrôle de la clientèle à celui qui demeurait en place ? Par ailleurs, le Dr Le Roy, divorcé, avait épousé une jeune femme elle-même séparée de son mari. Or celui-ci avait proféré des menaces téléphoniques envers le Dr Le Roy [1], lui promettant d'user de ses relations — réelles — à la Sécu pour le « casser ». Quoi qu'il en soit, la Sécu n'avait pas à se mettre au service d'une vengeance privée, et les nombreux recours faits par le Dr Le Roy auprès de la hiérarchie du chirurgien-dentiste-conseil auraient dû

1. Qui avait pu les enregistrer et les transmettre à la justice.

non seulement l'alerter mais aussi la pousser à mettre un terme à ces exactions.

Bien au contraire, elle le couvrit sans défaillance, se rendant ainsi complice. Il faut dire que l'idée de casser du praticien libéral est rarement déplaisante aux princes ou aux petits chefs de la Sécu. Le procédé a tous les avantages. D'abord il fait plaisir. Pensez donc : humilier quelqu'un qui a eu le courage et le talent d'assumer les risques d'une installation et d'affronter une clientèle, quel bien ça fait ! Ça vous console d'être devenu un scribouillard au lieu d'exercer la médecine ou, si vous êtes un simple administratif, ça vous permet de valoriser à bon compte votre médiocrité ou votre absence de diplômes en traitant comme un moins que rien un praticien titré. Et puis vous êtes sûr de faire plaisir à vos supérieurs, en haut lieu, eux dont la terreur est d'être privés de la belle vie qu'ils se sont faite en parvenant à la tête de la Sécu. Car cette institution-que-le-monde-entier-nous-envie est de plus en plus critiquée par la population en raison de son coût sans cesse croissant, de ses abus criants, de ses gaspillages, de son insensibilité bureaucratique. Quoi de plus tentant que de détourner l'attention du public sur les fautes réelles ou imaginaires des médecins, commodes boucs émissaires ?

Sur le second point, la condamnation du Dr Le Roy par la section des assurances sociales du conseil de l'Ordre met en cause l'existence même d'une telle juridiction. Le Dr Le Roy a produit un mémoire appuyé par le Pr Gourgas et démontant point par point, radiographies à l'appui, les accusations dont il était l'objet de la part de la Sécu. Il a mis en exergue et prouvé le faux en écriture commis à ses dépens, les irrégularités et les erreurs de l'unique expertise, l'attitude anormalement agressive à son égard du chirurgien-dentiste-conseil et la plainte déposée contre ce dernier pour cette raison par le procureur de la République. Rien n'y a fait ! La section n'a, semble-t-il, pas même eu l'ombre d'un doute. Sinon, elle aurait prononcé une peine beaucoup plus légère qu'un an d'interdiction d'exercice.

On est donc conduit à penser que le sort du Dr Le

Roy était scellé d'avance. Et pour une unique raison : il avait osé résister à la Sécu et avait reçu le soutien du procureur de la République dans ce combat. Il fallait donc le casser pour étouffer dans l'œuf non seulement sa révolte, mais aussi et surtout le déplorable exemple qu'il aurait pu donner à ses confrères, tous terrorisés par la Sécu. Les délibérations de la section étant secrètes, on ne peut évidemment avancer qu'avec prudence, mais il n'est pas possible d'imaginer que le magistrat administratif qui la présidait, et dont l'avis est prépondérant en cas de partage égal des voix entre représentants de la Sécu et de l'Ordre, aurait laissé prononcer une telle condamnation si les deux praticiens libéraux avaient reconnu la validité, pourtant éclatante, des arguments en défense de leur confrère et plaidé en sa faveur. Force est donc de constater que dans le cas du Dr Le Roy, entre l'évidente innocence d'un praticien et les pressions de la Sécu, la section des assurances sociales du conseil de l'Ordre n'a pas hésité, perdant du même coup sa légitimité.

Sacrifice

Nous hésitons d'autant moins à l'affirmer que la suite de cette affaire est encore plus inimaginable. Le Dr Le Roy fait bien entendu appel de la sanction qui le frappe. L'instance compétente est la section des assurances sociales du conseil national de l'Ordre. Même composition que la section régionale, à ceci près que son président est un membre du Conseil d'État, donc un magistrat éminent. Le Dr Le Roy est confiant. Il pense avoir été victime de circonstances locales, et que sa totale innocence sera reconnue en appel. Hélas, il lui faut déchanter : sa condamnation à un an d'interdiction d'exercice est confirmée !

C'est alors qu'au lieu de courber la tête il décide de rendre cette affaire publique afin de crever l'abcès de ces procédures et de ces condamnations dignes de l'Inquisition. Il sait parfaitement que beaucoup de ceux qui apprendront sa condamnation douteront de son innocence, parce qu'ils ne pourront imaginer que deux instances successives aient pu se tromper à ce point. Mais cet homme de quarante ans, courageux et déterminé, veut que son exemple serve à sa profession et, au delà, à la respectabilité de son pays. Largement relayée par la presse syndicale, son affaire produit dans la profession un véritable tremblement de terre, dont l'onde de choc, à l'heure où nous écrivons, n'a pas fini de se faire sentir. Car c'est tout l'Ordre des chirurgiens-dentistes qui en est ébranlé et, à sa suite, celui des médecins, comme nous allons le voir.

En effet, le cas Le Roy prend l'allure d'un immense scandale quand la profession, stupéfaite, apprend qu'il a été condamné sur la base des accusations d'un chirurgien-dentiste-conseil lui-même sanctionné pour son attitude dans cette affaire. Car le Dr B., qui persécutait si bien le Dr Le Roy, avait été, pour cette raison, condamné à la peine du blâme par le conseil régional de l'Ordre, et cette sanction fut confirmée par l'instance nationale et le Conseil d'État. Or on a vu que toutes les accusations contre Le Roy reposaient sur les affirmations du Dr B. Comment l'Ordre national des chirurgiens-dentistes a-t-il pu condamner le Dr B. le 30 janvier 1992 et, un an plus tard, s'appuyer complètement sur ses dires pour condamner Le Roy à un an d'interdiction ? Il y là le signe d'un dysfonctionnement si grave que c'est l'institution ordinale elle-même qui est remise en cause. Car si Le Roy n'avait pas rompu la loi du silence qui est de règle en pareille matière — les praticiens condamnés risquant, en cas de révélation publique, de voir la suite de leur carrière compromise ou rendue impossible — le scandale n'eût pas éclaté et de telles pratiques auraient pu se perpétuer.

En attendant, le Dr Le Roy a été contraint de céder son cabinet et de se reconvertir dans une autre profession. Le Conseil d'État est saisi, en ultime recours, de sa condamnation. On a infligé à cet excellent praticien, à ce père de famille, une épreuve abominable. Il a dû dépenser plus de cent mille francs pour se défendre. Sa femme et ses enfants ont subi une terrible souffrance morale face au rouleau compresseur de la Sécu qui écrasait inexorablement leur vie. Pendant ce temps, le chirurgien-dentiste-conseil responsable de leur malheur, tout blâmé qu'il fût, touchait paisiblement son salaire et n'avait pas à se soucier de trouver un emploi. Le Dr Le Roy se console en pensant que, s'il a perdu sa situation, il a gardé son honneur. Et que les réformes de fond, désormais inéluctables, de l'Ordre et de ses procédures se feront pour beaucoup grâce à son sacrifice.

CHAPITRE VI

Salauds de malades !

Les événements qui se sont déroulés à C., une petite ville du nord de la France, sont de ceux que l'histoire retiendra quand il s'agira de décrire l'état réel de notre pays à la fin du vingtième siècle. Nos successeurs sur cette terre d'ancienne et haute civilisation seront stupéfaits de constater, en rapportant ces faits à l'échelle du temps, à quel point la dégénérescence des mœurs publiques et des libertés élémentaires a été rapide.

La Sécu est comparable à un virus d'apparition brutale et à haut pouvoir pathogène. Il ne lui a pas fallu un demi-siècle pour détruire toutes les barrières immunitaires de la société française. Celle-ci est désormais sans défense face aux infections opportunistes qui ne peuvent manquer de survenir et, si des mesures d'urgence ne sont pas prises, vont la détruire. Le présent ouvrage n'a d'autre visée que thérapeutique. Le traitement doit commencer par l'information du patient, afin de provoquer en lui une prise de conscience du mal qui le frappe et la volonté de guérir. Sans elle, la victoire est impossible. Les trésors de la pharmacopée moderne sont impuissants face à un dérèglement profond de l'esprit. C'est lui d'abord qu'il faut traiter. Car toute plainte du corps a sa trace et, le plus souvent sa cause, dans une blessure de l'âme.

Telle est la conviction du Dr Nguyen. Ne cherchez pas son nom dans les magazines qui relatent les prouesses de la médecine contemporaine et la saga de ses mandarins. Le Dr Nguyen est un de ces « obscurs », de ces

« sans-grade » qui soignent jour après jour, semaine après semaine, les petits et les grands maux d'autres « obscurs », d'autres « sans-grade » qu'on appelle les Français.

Chicago

Le Dr Nguyen est né au Viêt-nam. Il sait — pour avoir dû quitter son pays — ce que signifie la victoire du collectivisme et l'infinie valeur qu'il faut accorder à la liberté. Et ce n'est pas un hasard si, seul entre tous, il a refusé de plier l'échine. Sans doute a-t-il pensé qu'un déracinement dans une vie c'était bien assez, et refusé l'idée même qu'il pût devoir à nouveau refaire son baluchon.

C'est au mois de décembre 1990 que commencent ses ennuis. Le lendemain de Noël, trente-cinq de ses patients sont convoqués à la Kommandantur... pardon au centre payeur de la Sécu. Vingt-six d'entre eux s'y présentent et subissent un interrogatoire en règle. Ou plutôt hors des règles, car le secret médical exige qu'ils ne soient questionnés sur leur état de santé que par un médecin. Or, contrairement à ce qu'affirmera la Sécu, ce sont des agents administratifs qui les mettent à la question. L'interrogatoire porte sur les soins qu'ils ont reçus du Dr Nguyen. Essayons un instant d'imaginer la scène inverse. Vous êtes convoqué par votre médecin, qui vous demande si l'employé de la Sécu qui a « liquidé » — comme ils disent — votre dossier l'a vraiment regardé ou s'il s'est contenté d'apposer une signature sur le formulaire ouvrant votre droit à remboursement. Qu'allez-vous penser ? Que cet employé vous a volé. Sinon pourquoi se poserait-on des questions à son sujet ? Heureusement pour le Dr Nguyen, ses patients ont grande confiance en lui et lui révèlent la convocation dont ils ont été l'objet.

Fort surpris de cette procédure inhabituelle, le praticien prend contact avec la Sécu, qui l'invite à un entretien avec son médecin-conseil chef. Pensant avoir avec ce dernier une conversation confraternelle, le Dr Nguyen se rend à la Sécu sans amener de documents, d'autant qu'il ignore complètement ce qu'on peut bien lui reprocher. Il ne tarde pas à être fixé. Le Dr X., médecin-conseil chef, l'accuse d'avoir violé la nomenclature en cotant des consultations là où il effectuait des actes de mésothérapie [1]. Sidéré, le Dr Nguyen répond qu'il fait toujours précéder ses actes d'un entretien avec le malade et d'un examen, ce qui s'appelle une consultation. Rien n'y fait. Le médecin de la Sécu lui dit que, dès lors qu'il y a un traitement par mésothérapie, la consultation n'est pas remboursable et que par conséquent il doit reverser à la Caisse la modique somme de 49 000 F correspondant aux consultations pratiquées en juin et juillet 1990 et considérées comme indues. Le Dr Nguyen demande qu'on lui communique les dossiers litigieux, afin qu'il puisse se défendre, mais cela lui est refusé. Qu'il paie d'abord ! Les justificatifs lui seront remis après. Mais s'il refuse, attention ! La Sécu lui demandera plus d'argent et en outre engagera des poursuites. Il a huit jours pour s'exécuter, pas un de plus.

Au cas où vous l'auriez oublié, nous ne sommes pas dans le Chicago des années trente, mais dans une petite ville du nord de la France.

Non et jamais

Rentré chez lui, le Dr Nguyen se dit qu'il doit être victime d'un mauvais rêve. Le médecin-conseil lui a demandé de l'argent verbalement, il n'osera pas réitérer sa demande par écrit sans apporter de justificatifs. A la lettre qu'il lui envoie, le Dr X. répond bien par écrit, mais seulement pour lui dire de s'adresser à l'agent comptable de la Sécu. Celui-ci, interrogé par le Dr Nguyen, répond qu'il n'a aucun document justificatif à sa disposition et qu'il n'a reçu aucune instruction

1. Une forme d'acupuncture.

du directeur de la Caisse pour encaisser quelque somme que ce soit.

Une quinzaine de jours après, un médecin de la Sécu téléphone au Dr Nguyen, lui rappelle la somme réclamée et en demande le paiement. Nouvelle demande de justificatifs du Dr Nguyen. Décidément ce médecin vietnamien ne sait pas vivre, qui s'acharne à réclamer des explications avant de payer ! Allons, faisons un geste d'humanité, se dit la Sécu. Son directeur finit par adresser au Dr Nguyen une lettre lui réclamant 49 140 francs pour 546 consultations « non justifiées ». Il faudra encore deux mois au Dr Nguyen pour obtenir enfin la liste des consultations présumées illicites. Et là, stupéfaction du praticien : cette liste ne concerne plus les actes initialement contestés, mais des consultations étalées sur quinze mois, consacrées à 86 malades et non plus aux 26 précédemment visés. Il y a donc 60 malades qui n'ont fait l'objet d'aucune enquête et dont la Sécu prétend, sans la moindre preuve, que le Dr Nguyen leur a compté abusivement 90 F à chacun pour prix de sa consultation.

Au demeurant, ce n'est pas tant d'avoir fait honorer ses consultations que la Sécu lui reproche, mais de les avoir fait rembourser. Comme si la Sécu n'avait pas précisément pour raison d'être de couvrir les frais médicaux de ses assurés ! Mais la dérive du système est telle et son échec si patent que toute demande de remboursement finit par apparaître comme une agression envers cette institution-que-le-monde-entier-nous-envie.

L'objectif de la Sécu dans cette affaire est simple : ne pas autoriser plus d'une consultation par malade et par mois. Le Dr Nguyen a-t-il certains malades dont l'état exige une plus grande fréquence ? Peu importe. La règle doit être respectée. Si le détestable exemple donné par ce praticien venait à se répandre, ce serait l'hémorragie des dépenses. Vous voulez voir vos malades plus souvent ? Faites-le. Mais que ce soit à leurs frais et pas à ceux de la Sécu !

Le Dr Nguyen ne l'a jamais entendu de cette oreille. Compte tenu de l'importance de sa clientèle et de son excellente réputation, il pourrait parfaitement passer dans le secteur 2 de la médecine, celui des honoraires libres. Mais il ne voit pas pourquoi, alors que les 90 F que la Sécu alloue par consultation lui suffisent pour vivre, il devrait faire supporter à ses malades — dont la plupart sont modestes — une charge supplémentaire, même s'il est conscient que la plupart ne refuseraient pas cet effort financier pour s'assurer les services de leur praticien.

Alors c'est autant pour ses malades que pour sa liberté et sa dignité personnelles que le Dr Nguyen va se battre. Oh ! il serait plus facile de céder. C'est ce que font ses confrères du département, comme il le découvre en s'ouvrant à un certain nombre d'entre eux de ses difficultés. Ainsi un médecin spécialiste de ses relations lui apprend que le même médecin-conseil chef de la Sécu, le Dr X., lui a laissé le choix, également pour un problème de cotations, entre un versement de 200 000 F et la transmission de son dossier au Conseil de l'Ordre avec à la clé « une suspension d'exercice qui ne saurait être inférieure à deux ans ». Le Dr X. n'hésite d'ailleurs pas à se prévaloir de l'appui dont il disposerait, pour ses actions, de la part de l'Ordre, ce que semblent confirmer certaines interventions de celui-ci auprès du médecin-conseil pour qu'il ne poursuive pas les praticiens qui ont commencé de payer ! L'association syndicale des médecins n'est pas en reste de conseils prudents, qui recommande à notre spécialiste de payer « plutôt que d'entrer en conflit avec la Sécurité sociale ».

Mais celui qui a commencé de payer n'est jamais quitte. Comme dans toute opération de ce type, le maître-chanteur se fait de plus en plus pressant. Le spécialiste venait tout juste de faire son premier versement que la Caisse convoquait à nouveau une vingtaine de ses patients pour bien lui faire comprendre que si d'aventure il renâclait à honorer les échéances fixées (bonne fille, la Sécu avait accepté un règlement en douze versements), les sanctions ne manqueraient pas de tomber. Ce que le malheureux médecin ne savait pas, c'est que son obéissance et ses versements ne servaient à rien, puisque, parallèlement à l'« accord amiable » que lui avait consenti le médecin-conseil, celui-ci avait, sans en aviser sa victime, engagé les poursuites. Ce qui prouve une fois de plus que la seule réponse valable au chantage est : non et jamais !

Réquisitoire

Le Dr Nguyen persistant dans son refus de payer, la Sécu porte plainte contre lui devant la section des assurances sociales du conseil de l'Ordre. Vingt-six dossiers de patients sont soumis à celle-ci. Il s'agit des 26 personnes qui avaient été convoquées le 26 décembre 1990 au centre payeur de la Sécu. Celle-ci affirme dans sa plainte que ces patients « ont été entendus par le médecin-conseil, et leurs déclarations ont été recueillies par l'agent assermenté du service médical » et que, « de l'interrogatoire des patients par le médecin-conseil et des déclarations des assurés, il ressort que toutes les séries d'actes à fréquence courte concernent uniquement des séances de mésothérapie ». De plus la Sécu prétend que, « pour la plupart des dossiers, il n'y a pas de prescription médicamenteuse ni d'examen médical ». Et la noble institution de conclure : « Compte tenu des dossiers étudiés, nous estimons qu'ils présentent :

« — des abus caractérisés : le Dr Nguyen, en méconnaissance totale des dispositions de l'article L 162.4 du code de la Sécurité sociale et de l'article L 48 du code de déontologie, réalise des séries d'actes non justifiés par l'état de santé du malade et qui ne correspondent pas au degré de gravité présenté par certains patients ;

« — des fraudes caractérisées : le Dr Nguyen utilise une cotation en C pour des actes qui ne sont pas inscrits à la nomenclature générale des actes professionnels.

« Ce faisant, le Dr Nguyen ne respecte pas les dispositions des articles 1 et 15 de la nomenclature générale des actes professionnels, des articles 9, 17 et 48 du code de déontologie, et de l'article 162-4 du code de la Sécurité sociale.

« En conséquence,

« Nous déposons plainte en application des dispositions des articles L 145.1 et suivants du code de la Sécurité sociale ;

« Nous demandons que soit expressément reconnu le manquement à la probité dans la pratique de ces actes ;

« Nous estimons que, compte tenu de l'importance des faits et de leur multiplicité, une sanction exemplaire d'interdiction de donner des soins aux assurés sociaux en application des articles L 145.1 et suivants du code de la Sécurité sociale devrait être prononcée ;

« Nous demandons que soit prononcé au bénéfice des assurés le remboursement des sommes indûment perçues. »

J'ai tenu à retranscrire ce terrible réquisitoire afin de vous permettre de mesurer l'effet qu'il peut produire. Assurément, vous dites-vous, ce Dr Nguyen est un véritable malfaiteur, pour qui la Sécu est bien bonne de ne pas réclamer la prison. Afin de prendre l'exacte mesure de ses crimes, plongeons-nous dans son dossier.

Patients manipulés

Bien entendu, le Dr Nguyen, dans son mémoire en défense, examine point par point chacun des 26 cas qui lui sont reprochés. La Sécu l'accuse pour l'essentiel de compter des consultations sans les avoir faites et de réaliser sur ses malades des actes en série que ne justifient ni leur état de santé, ni la gravité de leurs maux. Tenant régulièrement ses dossiers, il n'a aucune peine à démontrer, preuves à l'appui, l'inanité des accusations dont il est l'objet.

Sur les 26 patients cités, il a effectué, en une période de 15 mois, 260 actes. 143 d'entre eux ont donné lieu à la prescription de médicaments, à prise orale en majorité. Pour les autres, des demandes d'analyses, des rayons X, des soins infirmiers sont prouvés par les ordonnances contenues dans ces dossiers. 117 actes ne sont pas accompagnés d'une délivrance d'ordonnance, mais les dossiers médicaux montrent que la consultation a toujours comporté un interrogatoire, un examen clinique et éventuellement un traitement (soit d'électropuncture, soit de mésopuncture, soit relevant d'autres techniques telles qu'infiltrations, ou intramusculaires). Et le Dr Nguyen de rappeler à l'intention de ses juges la définition légale de la consultation : « La consultation ou la visite comprend généralement un interrogatoire du malade, un examen clinique et, s'il y a lieu, une prescription thérapeutique. Sont considérés comme inclus dans la consultation ou dans la visite les moyens de diagnostic en usage dans la pratique courante ainsi que les petits actes techniques motivés par celle-ci (injection sous-cutanée, intradermique, intramusculaire, petits pansements, etc.). »

Produisant son livre de rendez-vous, le Dr Nguyen démontre que pendant les mois de juin et juillet 1990, au cours desquels la Sécu a isolé 22 de ses patients, il a soigné 426 malades et effectué 1 252 actes, soit en moyenne moins de deux actes par patient. Ce qui signifie que la Caisse l'accuse d'abus pour 5 % de ses malades, qui consultent plus fréquemment que la moyenne parce qu'ils présentent des pathologies douloureuses, multiples, chroniques et non soulagées par les médicaments !

Puis le Dr Nguyen détaille les cas qui lui sont reprochés et, pour chacun, indique tous les éléments du diagnostic et du traitement mis en œuvre.

Que reste-t-il face à cette avalanche de preuves à décharge ? Les attestations recueillies par la Sécu auprès des patients convoqués le 26 décembre et selon lesquelles « les consultations consistent uniquement en séances de mésothérapie, sans autre traitement ». On se trouve ici au cœur de ce qu'il faut bien, à ce stade de notre enquête, appeler la manipulation de la Sécu. Car cette forme d'acupuncture qu'est la mésothérapie n'est pas remboursable. Et le médecin n'a pas le droit de l'« assimiler » à un autre acte qui, lui, le serait. Ce que veut prouver la Caisse, c'est que le Dr Nguyen a fait rembourser par la Sécu à ses malades des actes de mésothérapie en les baptisant « consultations ». La grande séance d'inquisition du 26 décembre n'avait pas d'autre but que d'obtenir des patients qu'ils témoignent dans ce sens.

Prenant connaissance des déclarations invraisemblables attribuées à ses malades, le Dr Nguyen demande à un huissier de justice de prendre contact avec eux et de recueillir leur témoignage sur les conditions dans lesquelles s'est passée leur audition par la Sécu et sur l'authenticité des écrits qu'elle produit.

Or voici ce qu'écrit l'huissier de justice au Dr Nguyen :

« J'ai été amené, à votre requête, à délivrer des sommations interpellatives à plusieurs de vos patients, et c'est bien volontiers que je vous précise les conditions de ces interpellations.

« Il n'est pas dans les habitudes de notre profession d'extorquer une signature. Aussi une sommation interpellative est un acte qui demande beaucoup de temps. Il faut d'abord expliquer les raisons de la visite de l'huissier de justice, rappeler la déclaration signée par l'intéressé devant l'agent enquêteur, et il y a alors un dialogue qui s'instaure.

« Une première remarque m'a frappé : c'est que la quasi-totalité des interpellés ignorait la signification du mot "mésothérapie".

« La seconde remarque importante est qu'au cours de la conversation presque tous mes interlocuteurs exprimaient des craintes à l'égard de la Sécurité sociale qu'ils considèrent comme un gigantesque organisme contre qui il n'est pas possible d'avoir raison, et ils avaient alors la même formule : "Nous ne voulons pas d'histoires avec la Sécurité sociale."

« C'est la raison pour laquelle certains n'ont pas voulu répondre aux questions posées dans l'acte.

« Mon ministère ne me permet pas, fort heureusement, de les obliger à répondre, et j'ai transcrit scrupuleusement les réponses faites. »

Voici quelques-unes des réponses recueillies par l'huissier de justice.

« Avant de me faire de la mésothérapie, le médecin m'a interrogé et examiné. Il m'a aussi prescrit des médicaments. Pour mon arthrose, j'ai obtenu de bons résultats. »

« Le Dr Nguyen m'a interrogé et examiné, il a pris ma tension, il m'a aussi prescrit des médicaments (des comprimés dont j'ai oublié le nom). J'ai expliqué cela au docteur de la Sécurité sociale. »

« Mon mari est absent, mais je l'accompagnais chez le Dr Nguyen. Mon mari souffrait d'une sciatique. Il a reçu, après interrogatoire et examen, de l'acupuncture, de la mésothérapie et des médicaments. Il a eu un résultat satisfaisant. Cette enquête nous a inquiétés. »

« Bien sûr que le Dr Nguyen m'a interrogé et examiné. Il ne m'a pas fait de piqûres par hasard. Je trouve la question idiote. Il m'a prescrit des médicaments, mais pas à l'issue de chaque consultation. Toutefois je ne veux pas être inquiété par la Sécurité sociale et je vous prie de noter que je m'en tiens à ma déclaration à l'agent enquêteur. »

« Juge au tribunal de commerce, je n'ai jamais rencontré le Dr Y. [1] comme cela a été rajouté après ma signature sur l'attestation dressée par l'agent enquêteur. Je vous précise que le Dr Nguyen m'a ausculté, a pris ma tension au cours des consultations et m'a prescrit des médicaments autres que ceux nécessaires aux injections liées à la mésothérapie. J'ai été satisfait de ses services. »

« Lors des consultations le Dr Nguyen m'interrogeait et m'examinait (tension...). Il m'a prescrit des médicaments, il m'a demandé de faire une radiographie. Il m'a même consultée deux fois gratuitement parce qu'à cette époque ma situation financière était difficile. Il m'a soignée aussi par d'autres procédés que la mésothérapie (j'ai présenté des problèmes d'allergie, d'angoisse). »

---

1. Il s'agit du médecin-conseil qui accueillait les patients lors de la convocation du 26 décembre.

Pressions morales

Mais la plupart des malades concernés par la procédure visant le Dr Nguyen ne s'en tiennent pas à de simples réponses à un huissier de justice. Indignés d'avoir été manœuvrés par la Sécu pour accabler leur médecin, ils adressent au président de la section des assurances sociales du conseil de l'Ordre des témoignages écrits relatant avec force détails la manipulation dont ils ont été victimes.

C'est ainsi qu'une patiente, ayant pris connaissance de la déclaration qui lui est attribuée par la Sécu et selon laquelle elle se serait « rendue en consultation au cabinet médical du Dr Nguyen de décembre 1989 à juillet 1990, à raison d'une consultation par semaine », écrit : « Je soussignée déclare que cette photocopie n'est pas conforme à l'original que j'ai signé le 26 décembre 1990. En effet, je n'ai jamais déclaré que j'avais eu des consultations toutes les semaines de décembre 1989 à juillet 1990. En réalité, j'ai eu 7 consultations qui se sont étalées de début décembre 1989 à juillet 1990. Lorsque j'ai apposé ma signature, précédée de lu et approuvé, ne figurait pas sur la feuille “à raison d'une consultation par semaine”. Cette mention a été rajoutée ultérieurement sans mon accord. » Or quand on examine le document, on constate que le rédacteur est allé à la ligne après les mots « juillet 90 », de façon à ménager un espace suffisant pour y faire une adjonction. Vous avez dit faux et usage de faux ?

Suivent d'autres déclarations tout aussi accablantes pour la Sécu. En vertu de la règle du secret médical, l'interrogatoire des patients convoqués le 26 décembre 1990 ne pouvait être mené que par un médecin. Les documents produits par la Sécu indiquent tous que c'est Mme le Dr Y., médecin-conseil, qui y a procédé. Or les déclarations des patients du Dr Nguyen établissent qu'il n'en est rien. C'est ainsi que M. Y.C. déclare : « J'ai été interrogé sur ma maladie, le traitement du Dr Nguyen... par un homme âgé qui rédige la déclaration et fait signer, en présence d'un autre homme plus jeune.

Aucune femme ne m'a interrogé. » « J'ai été interrogé à l'enquête du 26-12-90 par un homme et non par une femme, donc ce n'était pas le docteur Y. », certifie M. J.W. « L'interrogatoire de l'agent assermenté était pénible en raison des questions sur l'efficacité du Dr Nguyen, ma confiance en lui, mon intention de revenir le consulter, puis sur ma maladie », déclare Mme A.D. Quant à M. S.P., il décrit ainsi la scène : « Je me suis présenté à l'heure indiquée. J'ai demandé à madame le médecin-conseil : pourquoi encore cette convocation ? Elle m'a répondu que ce n'était pas pour elle et m'a accompagné dans une pièce à côté où j'ai été reçu par deux ou trois personnes qui siégeaient à une table. Un monsieur s'est présenté comme agent enquêteur de la Caisse primaire d'assurance maladie et m'a posé des questions sur les soins qui m'ont été donnés par le docteur Nguyen. »

La plupart des témoignages font état en outre des pressions morales exercées sur les malades convoqués. « C'est l'agent assermenté du service médical qui m'a incité à signer un dossier, écrit une patiente. Je voulais l'avis de ma belle-sœur qui était présente dans la salle d'attente. L'agent enquêteur a refusé. J'ai alors voulu prendre la déclaration pour la faire lire à mon mari absent, mais on m'a répondu que j'étais adulte et que je devais signer. Ne sachant que faire et inhabituée à ce genre de questionnaire, je me suis vue contrainte de signer. » « Le 26-12-90, déclare une autre, j'ai signé une déclaration que je n'ai pas lue. L'agent enquêteur prétendait que je ne savais pas lire. »

Visites domiciliaires

C'est l'affolement chez les responsables de la Sécu qui ont monté cette scandaleuse mascarade. Le médecin-conseil incriminé, Mme Y., se lance dans une série de visites domiciliaires pour tenter de faire revenir sur leurs déclarations les malades qui ont témoigné de ces étranges pratiques. Parfois la démarche est couronnée de succés. Mais le repentir du patient vient bientôt accabler les falsificateurs. « La Caisse primaire a déjà abusé de notre signature dans cette plainte contre le docteur Nguyen, témoigne M. C. Mme le Dr Y. ne nous a pas interrogés, contrairement à ce qu'affirment la plainte et la mention rajoutée sur la déclaration. Or récemment Mme Y. et une autre femme de la Sécurité sociale sont venues à mon domicile. Elle a insisté sur le fait qu'elle m'a interrogé. Elle m'a fait signer une reconnaissance. J'ai paniqué devant la Sécurité sociale et j'ai signé. Ce passage de la Sécurité sociale à mon domicile pour obtenir une nouvelle fois ma signature m'inquiète, car j'ignore à quoi ma signature va encore être utilisée. » Et pour qu'il soit clair que le témoin — comme tous les autres d'ailleurs — est bien décidé à faire éclater la vérité, il ajoute à l'intention du président du Conseil régional de l'Ordre : « Je suis prêt, avec mon épouse, à venir témoigner à l'audience du Dr Nguyen si vous jugez une confrontation nécessaire avec le médecin de la Caisse pour dire ce qui s'est passé le 26-12-90 puis à mon domicile. »

Mais dans la plupart des cas les visiteurs de la Sécu tombent sur un bec. « Deux personnes de la Sécurité sociale, dont Mme le Dr Y., venues à l'improviste à mon domicile, m'ont imposé de me taire pour faire signer un papier à mon mari, écrit Mme Y.C. Mme Y. a produit un "rapport" pour me persuader qu'elle m'avait interrogée. J'ai maintenu mon témoignage qu'il s'agit d'un mensonge, et cette démarche à domicile de la Sécurité sociale est très grave. » Une autre patiente, Mme S.C., adopte la même attitude : « Deux dames de la Sécurité sociale se sont présentées chez moi. J'étais très pressée. Elles ont voulu, pour aller plus vite, me dicter la teneur du procès-verbal pour enquête. J'ai refusé et n'ai écrit que ce qui me semblait juste et de toute façon la stricte vérité. »

Pétition

C'est alors qu'il se produit un évènement rarissime dans les annales de la Sécurité sociale, mais qui marque à coup sûr le début d'une nouvelle ère : les assurés sociaux entrent en révolte. Une pétition circule en effet dans la région, et son texte est révélateur du véritable état de l'opinion vis-à-vis de l'institution-que-le-monde-entier-nous-envie. Le voici :

« Nous, assurés sociaux de toutes les caisses de maladie (L... — S... — B... — Caisse agricole — SNCF — Invalides de guerre — Militaires — Travailleurs indépendants), affirmons notre soutien moral au docteur Nguyen qui nous a bien soignés et qui actuellement subit une répression discriminatoire de la part de la Caisse de L... concernant sa manière de donner les soins.

« 1) Nous reconnaissons les bienfaits indiscutables de la mésopuncture qu'il a pratiquée sur nous, dans le cadre de la médecine générale, alors que nos souffrances étaient à un point insupportable.

« 2) Nous considérons que, dans notre état de maladie, nous n'avons pas choisi le luxe avec un tel traitement.

« 3) Nous contestons la décision de non-remboursement de tels actes de soins parce que nous pensons que la mésopuncture pratiquée par le docteur Nguyen est notre dernier recours, pour la plupart d'entre nous qui ont déjà reçu un traitement médical classique (ou plusieurs traitements). Certains d'entre nous étaient hospitalisés.

« 4) Nous demandons que l'ÉGALITÉ des soins (remboursements égaux et identiques pour toutes les caisses de maladie) et la LIBERTÉ du choix du médecin soient assurées.

« 5) Nous affirmons tous que le docteur Nguyen est un médecin qui a toujours voulu rester dans le secteur 1 de la convention avec un tarif opposable de 90 F, malgré sa pratique différente ; cela pour pouvoir donner des soins à tous. Nous sommes en conséquence indignés s'il est contraint par la caisse de Sécu de L... à passer dans le secteur à honoraires libres (c'est-à-dire pratiquer des actes non remboursables avec un tarif hors de portée pour la plupart d'entre nous).

« Voici nos noms et adresses que les autorités compétentes pourront contacter pour informations. »

Suivent plusieurs centaines de signatures.

Une dangereuse simulatrice

Ah ! si seulement les Français voulaient bien ne pas être malades ou, plus simplement, renonçaient à se soigner, comme la vie serait belle pour la Sécu ! Elle pourrait parader du haut de sa réputation usurpée et se targuer d'autant de mérites et de vertus que Panacée en personne, guérisseuse de tous les maux. Mais voilà, avec leur détestable habitude de souffrir pour un rien et de réclamer à l'assurance qu'ils ont été contraints de choisir le remboursement de leurs traitements, les assurés sociaux sapent les fondements du plus bel édifice des temps modernes. « Salauds de pauvres ! », s'exclamait Jean Gabin dans *La traversée de Paris.* Salauds d'assurés sociaux ! ont envie de s'écrier à chaque instant les princes de la Sécu. Et leurs épigones de mettre en œuvre les mesures propres à ne plus rembourser ceux qui abusent et à mater les médecins qui les encouragent à guérir.

C'est vraiment du beau boulot que fait le Dr X., médecin-conseil chef de la Sécu dans ce département du nord de la France. Avec lui, médecins et malades marchent droit. Et ce n'est pas un vulgaire Dr Nguyen qui va à lui seul gripper le mécanisme ! Quant à ses malades... Mais oui, au fait, ses malades, la Sécu s'est-elle jamais souciée d'eux, qu'elle veut condamner à consulter moins ou plus du tout, ou bien à payer leurs soins de leur poche, même s'ils n'en ont pas les moyens ? Pourtant, à lire certains de leurs témoignages, on se dit que les princes de la Sécu, et spécialement ceux qui sont médecins, ont perdu — s'ils l'ont jamais eue — toute notion d'humanité et de compassion, quand on les voit mettre tant de férocité glacée à leur interdire de se soigner.

Cette Mme C., qui, elle aussi, adresse sa déclaration certifiée au président de la section des assurances sociales du conseil de l'Ordre, elle les laisse de marbre, les princes de la Sécu. Manifestement, c'est une dangereuse simulatrice. Jugez par vous-même : « Pendant sept mois et plus, je ne marchais qu'avec l'aide de cannes, et ceci, ma famille, mes amis, mes voisins et connaissances peuvent en témoigner. J'ai même été hospitalisée en médecine à C. Après un mieux sensible, tout a recommencé. J'ai donc consulté le Dr Nguyen, car, en plus des genoux que je ne pouvais plus plier, ma jambe droite était anormalement gonflée. A ceci s'ajoutait une raideur de la nuque et de fréquents maux de tête. Puis ma jambe gauche ainsi que mon pied gauche ont eux aussi pris des proportions anormales. Après consultation, qui comporte prise de tension, rythme cardiaque et contrôle de poids, le Dr Nguyen m'a fait une ordonnance, que la Sécurité sociale m'a remboursée. Puis j'ai revu le Dr Nguyen je crois cinq fois, car, comme je ne pouvais de nouveau me mouvoir sans mes cannes, je voulais aller jusqu'à complète guérison. Depuis je marche. Ce n'est pas un miracle, mais simplement de bons soins et surtout la confiance du patient, car le Dr Nguyen pose beaucoup de questions, prend le temps du dialogue et surtout de noter le tout pour trouver les causes du mal, ce qui est rare chez les autres généralistes. »

Elle ne pouvait donc pas continuer à se déplacer avec ses cannes, cette femme ? Qu'est-ce que c'est que ces façons de consulter cinq fois sans nécessité ? Et les finances de la Sécu, elle y a pensé, cette égoïste, cette mauvaise assurée sociale, et pour tout dire cette mauvaise Française ?

Trafics scolaires

Et ces parents abusifs, dont vous allez pouvoir lire le témoignage, ne faut-il pas les condamner sans appel pour avoir voulu à toute force faire soigner leur fille ?

« Nous soussignés, M. et Mme D., parents de Sophie (17 ans), affirment que notre fille est soignée par le Dr Nguyen en mésopuncture ou mésothérapie, selon la méthode, à partir de l'année 1989, pour des problèmes de douleur : lombalgie et sciatique aiguë parfois bilatérale. Le Dr D., chirurgien à l'hôpital S., à Paris, qui l'a opérée de sa colonne vertébrale en 1988, et qui la suit régulièrement, a approuvé totalement le traitement par mésothérapie fait par le Dr Nguyen. Sophie ne supporte pas les anti-inflammatoires.

« Rappel des faits et des antécédents.

« En 1976 : néphroblastome droit retiré en mars 1976, précédé d'une irradiation. Nouvelle irradiation en post-opératoire.

« En 1979 et 1980 : opérée de la colonne vertébrale. Lésions post-radiothérapiques, suivies d'une scoliose et cyphose importantes.

« En 1988 : greffe osseuse et mise en place de deux tiges métalliques de T1 à L5.

« Sophie est examinée à chaque consultation en urgence quand elle a une crise, et chaque recrudescence de douleur ne nécessite pas une série de traitements car l'efficacité est immédiate et stable pendant de longs mois :

« En 1989 : huit consultations par an.

« En 1990 : trois consultations par an.

« En 1991 : quatre consultations par an.

« La Sécurité sociale doit posséder son dossier médical pour nous confirmer l'exactitude de ces chiffres. Sophie a rarement besoin des jours de congé d'école.

« Nous témoignons pour défendre le Dr Nguyen, mais surtout défendre les soins dont Sophie a besoin comme unique recours. »

Et puis voici encore un cas d'abus flagrants et scandaleux qui ont permis à des parents de faire obtenir son baccalauréat à leur fille de façon frauduleuse, avec la complicité du Dr Nguyen. Et vous voudriez que la Sécu paie pour cet inimaginable trafic ?

« Cela fait maintenant dix ans que notre fille Karinne, née le 30-5-73, a des crises de spasmophilie (consignées dans son carnet de santé).

« A chaque crise, le médecin se déplaçait, lui prescrivait un traitement afin de pallier les répercussions de celle-ci : faiblesse, baisse de tension, trouble du rythme cardiaque... et elle devait manquer la classe de trois à cinq jours selon l'intensité de cette dernière. Dans les cas extrêmes, l'infirmière du lycée appelait les pompiers qui la transportaient à l'hôpital sous surveillance (électrocardiogramme...).

« L'an passé étant l'année du bac, il était souhaitable que son année scolaire soit la moins perturbée possible. Aussi, préventivement, était-elle sous traitement : magné-B6, didrogyl, cortine B, ginkogink.

« En dépit de celui-ci, elle a eu une très forte crise et a dû être transportée de nouveau à l'hôpital où les médecins proposèrent de la garder sous surveillance. Ma fille, ainsi que nous, nous y opposâmes car ceci était traumatisant et les conclusions toujours les mêmes.

« Psychologiquement, elle était très éprouvée, pensant qu'elle ne pourrait pas assumer une année scolaire normale pour passer le bac dans de bonnes conditions. Le cycle médical traditionnel était un échec et nous ne savions à qui nous adresser. » C'est alors que les parents de Karinne prennent contact avec le Dr Nguyen. « Le docteur, après une étude approfondie de son cas, a pratiqué une séance de mésothérapie. Dès le lendemain, elle a pu retourner en classe. Le Dr Nguyen ne fixait pas de rendez-vous. Dès qu'elle se sentait fatiguée et sujette à une crise, nous le contactions et cela lui permettait de retrouver la forme et d'éviter la crise (après une séance de mésothérapie).

« Quelques séances ont suffi pour toute l'année scolaire et elle a obtenu son bac avec mention.

« Elle ne considère plus la spasmophilie comme un

handicap pour la poursuite de ses études et entre à l'université dès cette rentrée.

« Donc, du point de vue efficacité, la mésothérapie a réussi là où la médecine traditionnelle avait échoué.

« Quant à la rentabilité (point secondaire pour nous, mais primordial pour la Sécurité sociale), quelques séances seulement pour une année scolaire, au lieu de : transport à l'hôpital, électrocardiogramme, prise de sang, traitement coûteux. »

Rapports mensongers

Et que tous ces pseudo-malades ne s'imaginent pas qu'ils peuvent tromper la Sécu sur leur état de santé réel. Prenez ce M. C. Il a été victime d'un accident du travail qui lui a provoqué une sciatique pour laquelle il a été hospitalisé. Considérant son état comme consolidé, mais n'excluant pas le risque d'une aggravation, son médecin traitant l'adresse au Dr Nguyen pour qu'il lui fasse de l'acupuncture et de la mésothérapie. Holà ! La Sécu veille ! Elle convoque notre homme, et devinez qui l'examine ? Une vieille connaissance, Mme Y., ce médecin-conseil qui prétendait avoir interrogé les convoqués du 26 décembre et qui s'introduisait chez eux pour qu'ils rectifient les déclarations niant ses affirmations.

Voici comment M. C. relate la visite de contrôle qu'il subit à la Sécu et ce qui en est résulté : « Elle a mis un doigt sur mon dos, m'a fait relever la jambe, c'est tout. J'ai juste enlevé mon pull, je découvre ensuite que le rapport médical mentionne des tests effectués (inspection, palpations, mobilisation, examen neurologique, bilan dynamique, etc.) qui ont permis de conclure à 0 % d'incapacité. Indigné par ce faux rapport, j'ai naïvement cru bon d'informer le directeur de la Caisse qui, sans être surpris, m'a répondu que ce n'était pas grave. Je comprends alors qu'ils savent, service médical et direction, qu'ils volent mes droits en protégeant ces mensonges. »

M. C. contestant la décision de la Caisse qui lui refuse les soins prescrits par son médecin traitant, une expertise est pratiquée chez un médecin rhumatologue d'une ville voisine. L'expert conclut qu'« on ne peut que refuser cette série de soins », considérant que « ce patient majore sa symptomatologie », autrement dit qu'il fait semblant de souffrir. Ah ! voilà un expert conscient de ses responsabilités et soucieux des deniers de la Sécu. Malheureusement pour lui, il a fondé sa décision sur un examen... qu'il n'a pas pratiqué ! D'après son rapport d'expertise, le patient présente « un signe de Lasègue bilatéral à 40° persistant genoux fléchis », ce qui signifie que le malade simule la douleur. Pour le lecteur non médecin, la manœuvre de Lasègue consiste à coucher le patient et à lui lever la jambe tendue en recherchant l'angle à partir duquel on déclenche une douleur de sciatique, identique à celle dont se plaint le malade. Or voici le récit que fait M. C. de l'examen qu'il a subi de la part de l'expert, chez qui il s'est rendu en ambulance sur décision de la Caisse : « L'ambulancier peut témoigner que l'expertise fut un éclair. J'ai reçu ensuite un rapport de trois pages concluant que je fais semblant d'être malade, après avoir effectué un examen neurologique et rhumatologique complet (sensibilité, réflexes, force musculaire, Lasègue bilatéral, etc.). Or à cette consultation de cinq minutes, où j'aurais, paraît-il, effectué tous ces tests, j'étais resté debout, habillé et chaussé, j'ai juste enlevé mon pull et dégrafé mon lombostat, l'expert est venu me mettre un doigt dans mon dos et c'est bon, je pouvais partir. »

Ainsi donc, comme dans l'affaire Le Roy, on constate que l'expert désigné par la Sécu n'hésite pas à commettre un rapport mensonger pour complaire à ceux qui le paient. Il y là de quoi s'inquiéter, surtout quand on sait qu'aucune contre-expertise n'est possible, les conclusions de l'expert s'imposant à la Sécu [1]. Les affaires de corruption qui défraient la chronique nationale seraient, à ce que disent les observateurs, des cas

1. Qui ne demande pas mieux que de se les laisser imposer.

d'espèce. On s'aperçoit, quand on quitte les sphères du haut pouvoir politique, qu'à un niveau inférieur sévit le même manque d'honnêteté et de rigueur morale. C'est bien tous les mécanismes administratifs de la société française qui sont pervertis. La raison en est simple. La France est un pays où le nombre de fonctionnaires ou assimilés par habitant est le plus fort de tous les pays occidentaux. En outre le statut de la fonction publique fait que toute sanction est pratiquement impossible. C'est de son hypertrophie et de son immunité que l'Administration française est malade. Et les germes pathogènes qui prolifèrent en elle gangrènent toute la société.

Les Français ne sont pas dupes. Même si, pour le moment, ils se taisent. Mais quand la France se réveillera, l'Europe tremblera. « Je n'ai pas le savoir médical, écrit M. C., et je n'ai rien à dire devant la décision d'un expert. Mais il m'a méprisé, calomnié, en disant que je présente un Lasègue bilatéral, genoux pliés, alors que je suis resté debout, vêtu et chaussé pendant cette brève expertise. » Et notre homme de s'étonner : « Je constate aussi une incohérence dans le comportement du service médical qui est censé contrôler les dépenses abusives. Il me refuse 25 % de prise en charge en accident du travail pour les soins du Dr Nguyen, c'est-à-dire 164 F. Il conteste le remboursement des consultations du Dr Nguyen, qui durent souvent vingt à trente minutes. Paradoxalement, il paie 315 F pour cinq minutes d'expertise, plus 280,68 F d'indemnité journalière, plus le tranport en ambulance, pour un rapport d'expertise qui correspond à celui du médecin-conseil, sans qu'aucun d'eux ne m'ait sérieusement examiné. »

Condamné !

Décidément l'audience de la section des assurances sociales du conseil de l'Ordre, qui doit juger le Dr Nguyen, se présente mal pour la Sécu. D'autant que la plupart des malades sont bien décidés à être présents physiquement pour confondre les responsables de la Caisse qui les ont honteusement manipulés. Est-ce la raison pour laquelle le président de la section téléphone au Dr Nguyen et lui conseille de se contenter des témoignages écrits de ses patients, pour ne pas prolonger l'audience ? Confiant dans la justice de son pays, le Dr Nguyen fait preuve de bonne volonté et accepte. Pour le plus grand bonheur des faussaires et des manipulateurs, il n'y aura donc pas de confrontation.

Quand il prend connaissance de la décision de la section des assurances sociales, le Dr Nguyen croit d'abord que sa bonne foi a été reconnue et qu'il est totalement innocenté. En effet le jugement indique « qu'au cours de l'instance, le Dr Nguyen a produit, pour la quasi-totalité des 26 dossiers en cause, des attestations de patients selon lesquels, avant de pratiquer des actes de mésothérapie, le Dr Nguyen procédait à une interrogation, un examen et souvent à une prescription médicamenteuse ; qu'il y a lieu dès lors de regarder comme établi que le Dr Nguyen a pratiqué à chaque entrevue de ses patients une consultation au sens de l'article 15 de la nomenclature précitée ; qu'il n'a donc pas commis de fraude en utilisant la cotation C. »

Mais comme force doit toujours rester à la Sécu, la section des assurances sociales ajoute : « Cependant, pour une partie des dossiers présentés, les consultations étaient prodiguées à une fréquence d'une séance tous les deux ou quatre jours, souvent pendant trois semaines, sans que les affections dont souffraient les patients justifient une telle fréquence. Le Dr Nguyen a dès lors méconnu les articles 9 et 28 précités du code de déontologie. »

On a compris. Le Dr Nguyen va être condamné. Prise d'un bien léger remords, la section pense toutefois mettre un peu de baume au cœur de celui qu'elle va précipiter dans la honte d'une condamnation en admettant qu'il ne s'agit pas vraiment d'un gibier de potence : « Il n'est pas contesté que le Dr Nguyen recevait ses patients individuellement durant une vingtaine de minutes, que les cas de consultations en série ne représentent qu'une proportion limitée de l'activité du Dr Nguyen et que ce dernier n'a jamais fait l'objet jusqu'à ce jour d'une procédure disciplinaire. »

Puis tombe la sanction : « Compte tenu de ces circonstances, il ne sera prononcé à l'encontre du Dr Nguyen qu'une interdiction de donner des soins aux assurés sociaux pendant une période de 15 jours. »

Ces braves gens de la section sont persuadés d'avoir fait preuve d'humanité et d'une mansuétude rare ! Mais le Dr Nguyen est indigné. Si ces personnages croient qu'il va se satisfaire d'une peine somme toute légère comparée à celle qu'ils auraient pu prononcer, ils se trompent. L'affaire Nguyen ne fait que commencer.

Les juges de l'inutile

Bien entendu, le Dr Nguyen fait appel auprès de la section des assurances sociales du Conseil national de l'Ordre. Peut-être, loin des influences locales, la justice ordinale se reprendra-t-elle et reconnaîtra-t-elle son innocence. Car la section régionale, si elle a retenu, pour condamner le Dr Nguyen, le cas de cinq patients ayant eu des consultations fréquentes, n'a pas un seul instant cherché à en connaître le motif. Personne n'a demandé au Dr Nguyen son diagnostic ni les raisons de sa démarche thérapeutique. Quant au médecin-conseil chef, il n'a versé aucun document attestant que ces malades eussent été examinés par lui et qu'il y eût quelque abus que ce fût. D'ailleurs la Sécu, pourtant déboutée de la plupart de ses prétentions, s'est bien gardée de faire appel du jugement, trop heureuse d'avoir obtenu ce qu'au fond elle cherchait : une condamnation, quelle qu'elle soit.

Le Dr Nguyen adresse donc au Conseil national de l'Ordre le compte-rendu détaillé des consultations et des soins qu'il a pratiqués sur les cinq cas qui restent en litige. On ne pourra pas reprocher aux juges de la section nationale des assurances sociales d'avoir omis de lire le dossier de ces malades. Car ils en font, dans les attendus de leur décision, un résumé très fidèle. « La répétition des consultations, écrivent-ils, s'explique par l'aspect psychogène des mentalités et des comportements des patients, obligeant le praticien dans tous les cas à répéter ses investigations pour en apprécier l'évolution. Dans la plupart des cas précités apparaît l'existence de pathologies différentes, simultanées ou successives pour un même malade. Les cinq cas sont tous des cas de douleurs rebelles ou chroniques pour lesquelles le traitement antalgique général s'est déjà avéré inefficace, y compris des injections de corticoïdes. »

Prenons par exemple le cas de M. M. Ce patient, âgé d'une cinquantaine d'années, souffre de problèmes familiaux et sociaux. Divorcé, alcoolique chronique, gros fumeur, il consulte pour la première fois le Dr Nguyen le 11 juin, en se plaignant d'un mal de dos chronique que ne soulagent pas les antalgiques qu'il prend en permanence, en même temps d'ailleurs que des tranquillisants et des hypnotiques. Le médecin lui fait un traitement local des points douloureux et note qu'une composante psychogène n'est pas à écarter dans le cas de ce malade. Quatre jours plus tard, celui-ci consulte à nouveau. Il a été soulagé de sa douleur, mais se trouve dans un état d'extrême anxiété. L'entretien amène le Dr Nguyen à diagnostiquer une dépression grave avec tendance suicidaire. Après un examen clinique complet, il lui prescrit un médicament antidépresseur et neuroleptique.

Le 20 juin, le patient se présente à nouveau au cabinet du Dr Nguyen. Il est toujours nerveux et angoissé et se plaint à nouveau de douleurs lombaires. Le médecin lui prescrit un traitement local, mais surtout conduit un entretien destiné à lui apporter un soutien psychologique et à lui suggérer une cure de sevrage alcoolique (que le malade acceptera de suivre quelques mois plus tard). Le 25 juin, le patient sollicite une consultation urgente pour une sciatique. En fait c'est un appel à l'aide. Le Dr Nguyen lui applique un traitement local et, bien entendu, prend le temps nécessaire pour l'écouter et le soutenir psychologiquement.

Le 30 juin, le patient revient soulagé de ses douleurs mais dans un état dépressif qui ne s'est pas amélioré. L'interrogatoire révèle qu'il n'a pas pris l'antidépresseur précédemment prescrit, qu'il déclare ne pas supporter. En fait, il semble qu'il ne l'ait même pas acheté. Le Dr Nguyen lui prescrit alors un autre médicament, qui cette fois sera acheté par le malade et pris correctement, ce qui permettra par la suite d'améliorer son état et d'espacer les consultations.

Les quatre autres cas reprochés au Dr Nguyen concernent aussi des patients souffrant de douleurs insupportables, le plus souvent à composante psychique, et à qui l'écoute et les traitements du médecin apporteront une nette amélioration, voire un soulagement complet.

Ce qui n'empêche pas la section nationale du conseil de l'Ordre d'affirmer, au mépris de toute vérité et sans la moindre justification, que « la répétition des actes en C dispensés par le Dr Nguyen traduit surtout, alors d'ailleurs que ces actes n'étaient fréquemment accompagnés d'aucune prescription médicamenteuse, l'inefficacité des soins dispensés par le praticien et leur caractère inutile ! »

Inutile, le soulagement des douleurs ? Inutile, le soutien psychologique ? Inutile, l'assistance à personne en danger ? Sur les cinq membres de la section nationale, trois sont médecins. Oui, médecins ! Et ce sont des médecins qui osent condamner un de leurs confrères pour avoir respecté les principes fondamentaux de sa mission de soins et fait son devoir ! Car ils le condamnent ! « Dans les circonstances de l'espèce [considèrent ces juges de l'inutile], la section des assurances sociales du conseil régional n'a pas fait une appréciation exagérée de la gravité des faits établis à l'encontre du Dr Nguyen en lui infligeant la sanction de l'interdiction du droit de donner des soins aux assurés sociaux pendant une période de quinze jours. »

Le plus incroyable est que, pour condamner le Dr Nguyen, la section nationale du conseil de l'Ordre, qui lui reproche de n'avoir pas prescrit suffisamment de médicaments, se réfère à l'article L 162-4 du code de la sécurité sociale qui dit que « les médecins sont tenus, dans toutes leurs prescriptions, d'observer, dans le cadre de la législation et la règlementation en vigueur, la plus stricte économie compatible avec l'efficacité du traitement » ! La machine à condamner ne s'embarrasse décidément pas plus de logique que de vérité. La survie de la Sécurité sociale exige que les malades ne se fassent pas soigner au delà de ce que les princes ont décidé pour eux et que soient châtiés les médecins qui refusent de se plier à ces impératifs !

Non à toute détresse

Toute la presse médicale a rendu compte récemment de cette mise en garde de l'Association française de psychiatrie : « La prise en charge du sujet déprimé impose de prendre en compte la dimension humaine de la souffrance du patient. La seule prescription d'un antidépresseur ne peut qu'aboutir à des déceptions. » Le Comité national d'éthique, de son côté, estime que 30 % à 60 % des états dépressifs réagissent favorablement à l'administration d'un placebo, ce qui signifie — puisque le placebo est un « faux médicament » — que la véritable cause de l'amélioration est la prise en compte de la subjectivité de l'individu. Selon les spécialistes, il convient d'écouter longuement son patient, de prendre en compte sa souffrance, de lui permettre de verbaliser ses conflits. C'est très exactement ce qu'a fait le Dr Nguyen. Les médecins qui l'ont condamné ont-ils encore une connaissance suffisante de la médecine ?

« Un risque suicidaire doit toujours être pris au sérieux », titrait dernièrement *Le Quotidien du médecin*[1]. « Le médecin, écrit ce journal, doit toujours prendre au sérieux un patient qui souhaite mettre fin à ses jours. Ce risque suicidaire est d'autant plus élevé qu'il survient dans un contexte non résolu (deuil, dépression), qu'il existe des antécédents psychiatriques et/ou une patho-

1. 24 mai 1994.

logie surajoutée (alcoolisme, toxicomanie, maladie organique) ». Rendant compte du congrès de l'Association européenne de psychiatrie, le même journal indique : « De 10 à 15 % des adultes souffrent, à un moment ou à un autre de leur vie, de dépression ; 15 % des déprimés font une tentative de suicide. Plus de 50 % des sujets qui se suicident seraient des déprimés non traités [1]. »

A l'initiative du Groupe d'études des problèmes posés par le traitement de la douleur, le sénateur Lucien Neuwirth a proposé un amendement au code de la santé publique qui stipule notamment : « Les établissements de santé mettent en œuvre les moyens propres à prendre en charge la douleur des patients qu'ils accueillent.(...) Les centres hospitaliers et universitaires assurent à cet égard la meilleure formation et diffusent les connaissances acquises en vue de permettre la réalisation de cet objectif en ville comme dans les établissements [2]. »

A quoi bon des communications scientifiques, à quoi bon des lois, si la Sécu traque les malades qui consultent et punit, avec le concours de l'Ordre, les médecins qui les soignent ?

Bouleversé par les convocations de la Sécu et les doutes que celle-ci semblait éprouver sur la réalité de sa détresse, M. M. n'a plus osé revenir consulter et se faire soigner. Au début du mois de mai 1993, l'avis de son décès fut publié dans le journal local.

Le Dr Nguyen a fait appel de sa condamnation au Conseil d'État. Mais l'appel n'étant pas suspensif, il a dû fermer son cabinet pendant les quinze jours que lui a infligés la section nationale de l'Ordre. Quinze jours pendant lesquels ses malades étaient priés de ne pas souffrir, de ne pas ressentir d'angoisse ni de détresse, de ne pas appeler à l'aide. Ah, qu'elle est douce aux malades, la Sécu-que-le-monde-entier-nous-envie ! Ah, qu'il défend bien « l'honneur et l'indépendance » de ses ressortissants, l'Ordre des médecins !

1. *Le Quotidien du médecin*, 16 novembre 1994.
2. *Ibid.*

A une époque où la discorde règne partout, il est réconfortant de constater que deux institutions aussi respectables que la Sécu et l'Ordre des médecins, faisant taire toute inutile divergence, savent marcher la main dans la main, pour le plus grand bien de la santé publique. Et comme le journal *Impact Médecin Quotidien* s'était ému des « pratiques musclées » du médecin-conseil chef dont nous venons de relater les exploits, le directeur de la Caisse nationale d'assurance maladie, M. Gilles Johanet, volant à son secours, n'hésitait pas à affirmer : « Les applications règlementaires de la Caisse primaire s'appuient sur des observations médicales et administratives étayées. » On vient de voir de quel bois sont faits ces étais ! Et M. Johanet d'ajouter : « A titre d'exemple, tous les dossiers qui ont été déférés par la Caisse primaire à la section des assurances sociales du conseil régional de l'Ordre ont été suivis de sanctions, souvent alourdies devant le Conseil national [1]. »

On vient de voir aussi dans quelles conditions, avec quelles garanties de régularité, avec quel sérieux dans l'étude des dossiers, sont rendues ces décisions dont se félicite M. Johanet ! Oui, vraiment la France, pays des libertés et des droits de l'homme, peut être fière de l'exemple qu'une fois encore elle donne au monde.

Fort heureusement pour notre orgueil national, ces faits ne sont pas de ceux qu'aime à traiter la grande presse. Il faut qu'un journaliste soit malade pour qu'il daigne s'émouvoir de ce qui, pourtant, fait la vie quotidienne des Français. Il est vrai aussi que la chape de silence est fort bien entretenue par ceux qui savent et qui, peu ou prou, sont les complices du système. Il faut des hommes d'une trempe rare, comme le Dr Nguyen ou le Dr Le Roy, qui n'hésitent pas, afin de défendre leur dignité et leur innocence, à mettre leur nom et leur réputation sur la place publique, avec les inconvénients graves que cela comporte pour leur vie personnelle, pour que les monstruosités du système médico-social qui règne sur la France soient enfin démasquées.

---

1. *Impact Médecin Quotidien,* 30 août 1993.

Coups de feu

Pourtant quelque chose a bougé dans cet océan floconneux et médiocre qu'est devenue la vie publique et sociale en France. Une Association médicale de défense de la déontologie, qui s'est constituée sous la présidence du Pr François Guérin, chef du service de cardiologie de l'hôpital Cochin, a pris fait et cause pour le Dr Nguyen et ses patients.

Le 18 octobre 1994, le Pr Guérin a écrit au ministre de la santé, Philippe Douste-Blazy, dans ces termes : « 35 malades ont été convoqués pour être interrogés par le service médical de la Caisse. 26 sont venus, nombre d'entre eux sans aucun doute préoccupés par la crainte de se voir refuser leurs droits aux prestations.

« Il a été demandé à ces malades, issus pour la plupart d'une zone rurale, si les actes du Dr Nguyen étaient ou non des actes de “mésothérapie”, terme évidemment ignoré par la plupart d'entre eux. Comment est-il possible dans un pays comme le nôtre que de telles méthodes soient employées, des malades interrogés, leur détresse utilisée à leur insu et à celui du médecin qui les traite ? N'est-ce pas à son tour la démocratie qui est bafouée en même temps que les droits des malades et des assurés sociaux ? »

Et, donnant à l'affaire Nguyen sa véritable signification, le Pr Guérin ajoute : « Nous tenons à vous faire part, Monsieur le ministre, de notre étonnement et de notre vive inquiétude que de tels malades aient pu être convoqués en 1990, quatre ans avant l'application de l'actuelle “convention médicale”, au service médical de la Sécurité sociale, sans connaître l'objet de leur convocation, et que des soins aient pu être a priori considérés comme “inutiles” bien avant les “références médicales opposables”. Si le cas du Dr Nguyen avait été monté “pour l'exemple” et à titre “prémonitoire”, il aurait alors une signification très lourde sur le danger que représenterait l'actuelle convention pour notre déontologie. »

Une association départementale de consommateurs s'est constituée partie civile dans la plainte pour faux et usage de faux déposée contre la Sécu par le Dr Nguyen. Mme Y., ce médecin-conseil qui prétendait avoir interrogé les malades le 26 décembre, a été mutée [1]. Le Dr X., médecin-conseil chef, fait l'objet, à la demande du ministère des affaires sociales, d'une enquête de sa hiérarchie.

Mais tant qu'il n'y aura pas eu de sanctions exemplaires et publiques contre tous les responsables des scandales qu'ont été et demeurent la mise en cause et la condamnation du Dr Nguyen et du Dr Le Roy, les princes de la Sécu et leurs sous-fifres pourront continuer, avec la bénédiction des conseils de l'Ordre, de faire régner la terreur sur les malades et leurs médecins.

Néanmoins le climat reste très lourd. Le Dr Nguyen a trouvé devant la porte de son domicile un pistolet chargé. Qui a voulu ainsi l'« avertir » ? Des coups de feu ont été tirés sur la maison du Dr Le Roy, manquant de peu d'atteindre un de ses enfants. Qui son témoignage menace-t-il ? Des enquêtes de gendarmerie sont en cours. Ces menaces, cet attentat sont-ils en rapport avec les graves affaires que nous venons d'évoquer ? Rien ne permet de l'affirmer. Mais avant ces événements, le Dr Nguyen et le Dr Le Roy menaient une vie sans histoires. Découvrira-t-on les coupables ?

En vérité il faudra plus que des sanctions. C'est tout le système de sécurité sociale qu'on doit changer. Il se trouve que l'heure de cette révolution est enfin venue.

1. Sans doute en vertu de ce qu'il est convenu d'appeler l'« intérêt du service ».

CHAPITRE VII

La révolution du 1er juillet

L'Europe est malade des « acquis sociaux » octroyés au cours des trente années d'expansion économique continue qui ont coïncidé avec la période de reconstruction qui a suivi la guerre. Et en Europe, c'est la France qui est la plus atteinte, parce qu'elle est allée plus loin que les autres dans la voie des prélèvements et des rigidités du marché du travail.

Le choix français est dû pour l'essentiel à la tradition étatique qui veut qu'aucune garantie ne vaille qui ne soit octroyée par la puissance publique. Les Français adorent l'égalité et détestent la concurrence. Un peu honteux de se comporter d'une manière qui n'a plus aucun rapport avec l'évolution du monde actuel, ils donnent de leurs préférences une version édulcorée. Ils parlent alors non plus d'égalité mais d'« égalité des chances » et prétendent accepter la concurrence à condition qu'elle ne soit pas « sauvage ».

Il va de soi que ces subtilités ne trompent que la classe parlante et ceux qui perdent leur temps à l'écouter. Car, au terme de l'égalité des chances, il y a bel et bien des différences de situation. Et une concurrence qui respecterait les situations acquises n'en serait pas une.

L'Europe a parfaitement compris de quel mal elle souffre. Contrairement à ce que beaucoup s'imaginent, ce n'est pas la concurrence de l'Asie qui nous fait du mal. Sur les 1 400 milliards de francs que la France importe annuellement, les produits en provenance d'Asie ne représentent qu'une centaine de milliards. Et comme nous leur vendons les nôtres pour une valeur à peu près identique, on ne peut en rien incriminer le « péril jaune » pour expliquer nos malheurs économiques, même s'il est vrai que certaines activités et certaines régions peuvent être touchées de manière spectaculaire par la concurrence asiatique.

En réalité, la guerre économique se déroule entre les pays développés. Et c'est ceux qui ont le moins de prélèvements obligatoires qui réussissent le mieux. Les États-Unis et le Japon subissent en moyenne quinze points de prélèvements de moins que les pays européens [1]. Les pays européens n'ont pas tardé à comprendre qu'avec un tel handicap ils allaient à la catastrophe. Le chancelier Kohl a engueulé ses compatriotes, leur expliquant que leur pays n'était pas un club de loisirs, et s'est mis à tailler vigoureusement dans les dépenses sociales. Les Hollandais ont entrepris de démanteler leur État-providence. Les Italiens ont continué à respecter l'économie souterraine qui leur a permis de supporter l'incroyable gâchis de leur secteur public, tout en s'attaquant non sans mal aux abus de ce dernier. Les Anglais, tout en continuant de subir le service national de santé, dont même Mme Thatcher n'a pu venir à bout, ont mis en place les contournements nécessaires et se sont tous ralliés à l'Europe [2], sachant fort bien que c'est la seule solution pour obliger les bénéficiaires du Welfare State à se secouer les puces. Et la France dans tout cela ?

Eh bien, la France continue de vénérer le dieu Sécu, dont les grands prêtres tiennent toujours le haut du pavé. Bien entendu, nécessité faisant loi, cela va changer. Cela a même déjà changé, mais les Français ne le savent pas, parce que personne — à part nous — n'ose le leur dire.

1. Ils se situent aux environs de 30 % de leur produit intérieur brut contre 45 % en Europe.
2. Disons à « leur » Europe, celle du libre échange.

Péril danois ?

Le fin du fin dans notre pays consiste à débattre du meilleur moyen de conserver notre système social tel qu'il est. Et l'on se perd dans des discussions byzantines sur le sexe des cotisations et celui des impôts. De Giscard à Séguin, en passant par Chirac et Delors, chacun y va de sa petite idée, sans oublier bien entendu la sympathique petite troupe des « rapporteurs » patentés, vous savez, ces gens qui vont de douillets cénacles en tréteaux médiatiques et qui prennent des mines inspirées pour vous annoncer que ce qui est ne l'est que parce qu'il en est ainsi, et qu'au terme des importants changements suggérés — et surtout non imposés — la situation sera absolument semblable à celle qu'on connaît. Exaltant !...

Un homme intelligent et qui sait ce qu'il dit, Maurice Lauré, « inventeur » de la TVA, a balayé en quelques phrases tous les arguments de ceux qui croient pouvoir maintenir notre système social en changeant l'origine des prélèvements. « Bien des vaines réformes, écrit-il, pourraient être évitées, bien du temps pourrait être économisé, si l'on prenait la peine de tirer les leçons de l'expérience vécue dans d'autres pays. Il y a là, compte tenu de la variété des systèmes de prélèvements obligatoires, une source d'informations d'une grande richesse. Dans le cas particulier, le hasard veut qu'un pays parfaitement policé applique, depuis de nombreuses années, un système de prélèvements dont la structure répond aux ambitions des tenants d'une TVA sociale, et donc a fortiori à celles des tenants d'un allègement des cotisations sur les bas salaires. C'est le Danemark.

Le Danemark, en effet, ne met à la charge des entreprises pratiquement aucun impôt ou cotisation sociale sur les salaires. Il n'en finance pas moins un important système de protection sociale, mais en recourant à la TVA (dont le taux atteint 25 %) et à l'impôt sur le revenu qui met à contribution la grande majorité des foyers, avec un taux initial élevé. Ainsi le Danemark offre le modèle de ce que serait, en régime permanent, le fonctionnement du système français de prélèvements obligatoires si l'on remplaçait en totalité les cotisations patronales de Sécurité sociale par un recours accru à la TVA et à la CSG. »

Et Maurice Lauré de renvoyer tous nos hommes politiques et autres petits « rapporteurs » à leurs chères études : « Il n'apparaît pas, comme cela devrait être le cas selon les théories développées, que la France redoute la concurrence danoise, libre de charges sociales, à l'égal de celle des pays asiatiques, auxquels on fait grief de la même liberté. En fait, le Danemark est pour nous, dans le marché européen, un concurrent que rien de distingue de nos autres partenaires. Il ne viendrait pas à l'esprit d'un chef d'entreprise français de “délocaliser” des usines au Danemark, afin d'échapper aux charges sociales, alors, pourtant, que plus d'un a transféré des fabrications au Portugal, où le taux des charges sociales est environ la moitié des nôtres [1]. »

Le problème n'est donc pas de financer différemment notre système social, mais d'en réduire le coût. Or il n'y a pas, pour ce faire, une infinité de méthodes, mais deux seulement. La première, celle qui est employée inlassablement par nos gouvernements de toute tendance, consiste à rogner sur les prestations. Or on constate qu'elle n'empêche pas les dépenses de croître sans cesse, si bien qu'on est contraint, pour ne pas mettre la Sécu en cessation de paiement, d'augmenter perpétuellement les cotisations et les taxes et surtout d'emprunter à l'État, qui lui-même emprunte à l'étranger. C'est une méthode insensée, qui nous mène tout droit à la catastrophe, surtout quand on constate que les capitaux internationaux, affolés par cette fuite en avant, quittent précipitamment la place financière de Paris et que le gouvernement en est réduit, pour compenser leur départ, à vendre à la petite semaine, et à des taux mirobolants, des obligations assimilables du Trésor (OAT) à « la veuve de Carpentras », qui symbolise le petit épargnant boursicoteur.

1. *Le Figaro,* 28 octobre 1994.

La deuxième méthode est fondée sur la liberté et la concurrence. Comment se fait-il que nos hommes politiques, qui, à l'exception de quelques dinosaures communistes, se sont tous ralliés à ces principes quand il s'agit du système économique, les refusent à propos du système social ? On ne voit pas d'autre explication que le poids du tabou, fondé sur les notions chrétiennes de culpabilité et de charité, transmuées par un siècle de pression marxiste en « justice sociale » et en « solidarité ».

Dans la lune

J'avais pour ami un vieux paysan breton, né avant le siècle, qui n'avait pas installé l'électricité chez lui et me disait à ce sujet : « Je crois que j'ai fait une erreur. » Ce qui ne le conduisait d'ailleurs nullement à tenter de la réparer. Observateur de la nature et des animaux, il connaissait bien des légendes ancestrales et croyait fermement aux djinns, qu'il appelait en breton des « viltansous ». Les soirs où il avait un peu trop bu, ces mauvais génies s'emparaient de lui et le déposaient sans qu'il s'en aperçût dans les endroits les plus inattendus, qui étaient, il faut bien l'admettre, le plus souvent des fossés au bord de la route conduisant à sa petite maison.

Néanmoins, étant très sociable et apprécié pour sa belle voix, qu'il mettait au service des vieilles chansons bretonnes, il était souvent invité par des voisins. Ceux-ci ayant, en l'écoutant, sacrifié au passé et à la tradition, ouvraient alors, par un réflexe récent mais déjà profondément ancré, la télévision, et mon vieil ami pouvait alors voir défiler toutes les images stupéfiantes et affriolantes du monde moderne. C'est ainsi qu'il surveilla, incrédule, goguenard et vaguement inquiet, les préparatifs du débarquement de l'homme sur la lune. « Si ça se fait, me disait-il gravement, il y aura une grande catastrophe sur la terre. » Quand je le revis, quelques semaines après que le module spatial se fut posé sur le sol lunaire, je lui dis assez sottement : « Alors, tu vois, l'homme est allé sur la lune et il n'y a pas eu de catastrophe. » Il se contenta de me répondre « Ah ben... », en hochant la tête. Sur le moment, je crus qu'il était confus de son erreur. En réalité, il se repliait sur ses certitudes pour n'avoir pas à embrasser le nouveau cours des choses. Il mourut peu d'années après, sans avoir renoncé à ses croyances.

J'ai moins de tendresse pour nos hommes politiques, même si j'aime bien quelques-uns d'entre eux. Mais ils me font beaucoup penser à mon vieil ami breton. Eux aussi ont la tête dans leur passé, celui de l'État tout-puissant et des trente glorieuses, quand il suffisait de sortir de Polytechnique ou de l'ENA — ou si possible des deux — pour que les hommes et l'économie vous obéissent au doigt et à l'œil. Eux aussi chantent de vieilles chansons de cette époque (ce sont celles que vous entendez quand ils s'adressent à vous à la radio et à la télévision). Eux aussi ont sous les yeux les images d'un monde en plein bouleversement et qu'ils n'aiment pas plus qu'ils ne le comprennent. Eux aussi sentent leur fin prochaine et ont décidé de mourir avec leurs certitudes.

Que ne nous rendent-ils le service de partir un peu plus tôt ! Oh, pas de cette terre. On ne leur veut pas tant de mal, encore qu'ils nous en fassent beaucoup par leur obstination. Il nous suffirait qu'ils fassent leurs adieux à la scène politique et laissent la place à des hommes et des femmes plus jeunes, d'âge et surtout d'esprit. Car l'âge ne fait rien à l'affaire. Il suffit de comparer les analyses d'un homme encore jeune comme Alain Minc, mais déjà tout ridé par les grimaces, et qui enfile des perles avec un contentement de soi qu'égale seulement en intensité l'émerveillement des gobe-mouches qu'il épate, avec celles d'un septuagénaire comme Maurice Lauré, qui a gardé le meilleur de l'esprit d'enfance pour s'écrier : « Le roi est nu ! »

A peu près tout le monde a compris en Europe — hormis les hommes politiques français et la classe parlante de notre pays — que la seule manière de remettre l'économie du vieux continent à flot et à même d'affronter la compétition internationale consiste à réduire le coût de la protection sociale en y introduisant la liberté et la concurrence.

Pour la France, le chemin à parcourir est rude. Tout notre système social repose en effet sur la contrainte. L'assurance maladie est fondée sur l'affiliation obligatoire à un assureur monopolistique, la Sécu. L'assurance vieillesse repose, pour ce qui est de la retraite de base, sur la même Sécu, et pour les retraites complémentaires sur des caisses auxquelles l'affiliation est également obligatoire. De plus, le principe de la répartition, qui a été choisi pour l'assurance vieillesse, est indissociable de la contrainte, puisqu'il impose aux jeunes générations de payer pour celles qui sont à la retraite. Si on laissait le choix aux Français, ils décideraient évidemment de cotiser pour eux-mêmes et de capitaliser l'argent ainsi épargné, au lieu de faire reposer le financement de leur future retraite sur des successeurs dans la carrière dont ils ne connaissent ni le nombre ni la prospérité future et dont ils ne sont pas certains que l'État parviendra toujours à les contraindre à payer.

Ce sont ces réalités — et non de savantes considérations économiques et financières sur les mérites et les risques respectifs de la répartition et de la capitalisation — qui rendent le recours à cette dernière inévitable si l'on veut faire échapper notre système de retraite à la catastrophe. Le seul système de répartition qui ait jamais marché dans l'histoire de l'humanité était à base familiale. Ayant travaillé toute leur vie et élevé leurs enfants, les vieux parents restaient jusqu'à la fin de leurs jours à la ferme, dont ils aidaient au fonctionnement par de menus travaux, à la mesure de leurs capacités physiques, et par la surveillance que permettait leur présence. La fin de l'économie rurale dominante a sonné également celle de la répartition. Il fallait un formidable aveuglement doctrinal, et une irréflexion généralisée, pour imposer un système de retraite par répartition à un pays industrialisé, urbanisé, et où la cellule familiale éclatait. Les faits étant têtus, il va falloir se rendre à l'évidence, en faisant en sorte que les victimes de l'escroquerie à la répartition soient protégées, autant que faire se peut, par la collectivité nationale.

Fondation du M.L.P.S.

C'est parce que nous étions consternés par l'irréflexion et la lâcheté des hommes politiques et de la classe parlante — et parce que nous avions depuis de longues années réfléchi aux problèmes économiques et sociaux — qu'en septembre 1991 Jean-Pierre Pellan[1], Axel Gerson[2] et moi-même, bientôt rejoints par beaucoup d'autres, fondâmes le Mouvement pour la liberté de la protection sociale (MLPS). Du manifeste que nous publiâmes alors, il n'y a, aujourd'hui, pas un mot à changer, sauf en ce qui concerne le nombre « officiel » des chômeurs, qui s'est accru d'un demi-million. En voici le texte intégral.

« MANIFESTE POUR LA LIBERTÉ
DE LA PROTECTION SOCIALE

« Près de trois millions de chômeurs. La France s'enfonce dans la crise. Le tissu social se défait.

« La Sécurité sociale est au bord de la cessation de paiement, en dépit de la hausse constante des cotisations et de la diminution des prestations.

« Le budget social du pays est supérieur au budget de l'État. Or nul ne le vote ni le contrôle.

« Ces constats ne sont pas neufs. Les partis politiques déplorent cette situation, mais aucun n'ose avancer la solution qui s'impose.

« Celle-ci est pourtant simple. Elle consiste à supprimer le monopole de la Sécurité sociale. C'est à cause de ce monopole qu'il est impossible de réformer la Sécurité sociale. Mise en concurrence avec les mutuelles et

---

1. Doté d'une capacité d'analyse et d'action exceptionnelle, Jean-Pierre Pellan jouera, dans notre combat, un rôle essentiel.
2. Organisateur-né, Axel Gerson saura affronter les situations les plus difficiles sans jamais se départir de son flegme tout britannique.

les assurances privées, elle n'aura le choix qu'entre se réformer ou disparaître.

« Certains affirment que le coût de gestion de la Sécurité sociale est inférieur à celui des compagnies d'assurances. C'est faux. Le véritable coût de gestion de la Sécurité sociale est constitué non seulement de ses frais de fonctionnement — très excessifs compte tenu de l'effet de volume — mais aussi et surtout des innombrables abus qu'elle autorise. Car la Sécurité sociale n'est rien d'autre, pour reprendre la célèbre formule de Frédéric Bastiat, que "la grande fiction à travers laquelle tout le monde s'efforce de vivre aux dépens de tout le monde".

« Disons-le sans détour : la Sécurité sociale est responsable des principaux maux dont souffre la France :

— le chômage, car elle induit des charges salariales excessives ;

— l'immigration incontrôlée, car elle génère des comportements de paresse chez les Français, que des travailleurs étrangers viennent suppléer ;

— la démoralisation générale, fruit empoisonné de la crise économique et morale.

« Au moment où le collectivisme s'effondre partout dans le monde, la France doit elle aussi se débarrasser du fardeau de l'utopie. En rendant leur argent aux travailleurs et en les laissant libres de s'assurer où ils veulent, donc de contrôler eux-mêmes l'emploi des sommes qu'ils versent, on fera de la France un pays à haut niveau de salaires, à faible taux de chômage, et on inversera le flux de l'immigration.

« Tel est l'objectif que s'est fixé le MOUVEMENT POUR LA LIBERTÉ DE LA PROTECTION SOCIALE (M.L.P.S.).

« Nous ne prétendons pas nous substituer aux partis politiques. Nous voulons obtenir d'eux qu'ils s'engagent à mettre fin au monopole de la Sécurité sociale dès le début de la prochaine législature.

« En regroupant tous ceux qui sont convaincus de cette nécessité, nous exercerons une pression suffisante pour qu'enfin les bonnes décisions soient prises et appliquées. »

Les voyantes ou Bastiat

Puisqu'il est question de Frédéric Bastiat dans ce texte, c'est le moment de lui rendre l'hommage qui lui est dû. Célèbre aux États-Unis, presque ignoré en France, Bastiat est, avec Tocqueville, un des plus grands penseurs du dix-neuvième siècle. Cet économiste génial, mort en 1850, avait parfaitement analysé et prévu les évolutions qui risquaient de conduire la société vers le collectivisme et la déshumanisation. La description qu'il fait, en 1850, dans *Les harmonies économiques*, de ce qui, un siècle plus tard allait devenir la Sécurité sociale, est hallucinante de vérité :

« J'ai vu surgir spontanément des sociétés de secours mutuel, il y a plus de vingt-cinq ans, parmi les ouvriers et les artisans les plus démunis, dans les villages les plus pauvres du département des Landes... Dans toutes les localités où elles existent, elles ont fait un bien immense... Leur écueil naturel est dans le déplacement de la responsabilité. Ce n'est jamais sans créer pour l'avenir de grands dangers et de grandes difficultés qu'on soustrait l'individu aux conséquences de ses propres actes.

« Le jour où tous les citoyens diraient : "Nous nous cotisons pour venir en aide à ceux qui ne peuvent travailler ou ne trouvent pas d'ouvrage", il serait à craindre... que bientôt les laborieux ne fussent réduits à être les dupes des paresseux.

« Les secours mutuels impliquent donc une mutuelle surveillance, sans laquelle le fonds des secours serait bientôt épuisé. Cette surveillance réciproque... fait la vraie moralité de l'institution. C'est cette surveillance qui rétablit la responsabilité...

« Or, pour que cette surveillance ait lieu et porte ses fruits, il faut que les sociétés de secours soient libres, circonscrites, maîtresses de leurs statuts comme de leurs fonds. Supposez que le gouvernement intervienne. Il est aisé de deviner le rôle qu'il s'attribuera.

« Son premier soin sera de s'emparer de toutes ces caisses sous prétexte de les centraliser ; et pour colorer cette entreprise, il promettra de les grossir avec des ressources prises sur le contribuable...

« Ensuite sous prétexte d'unité, de solidarité (que sais-je ?), il s'avisera de fondre toutes les associations en une seule soumise à un règlement uniforme.

« Mais, je le demande, que sera devenue la moralité de l'institution quand sa caisse sera alimentée par l'impôt ; quand nul, si ce n'est quelque bureaucrate, n'aura intérêt à défendre le fonds commun ; quand chacun, au lieu de se faire un devoir de prévenir les abus, se fera un plaisir de les favoriser ; quand aura cessé toute surveillance mutuelle, et que feindre une maladie ne sera autre chose que de jouer un bon tour au gouvernement ?

« Le gouvernement, il faut lui rendre cette justice, est enclin à se défendre ; mais, ne pouvant plus compter sur l'action privée, il faudra bien qu'il y substitue l'action officielle.

« Il nommera des vérificateurs, des contrôleurs, des inspecteurs. On verra des formalités sans nombre s'interposer entre le besoin et le secours...

« Les ouvriers ne verront plus dans la caisse commune une propriété qu'ils administrent, qu'ils alimentent et dont les limites bornent leurs droits. Peu à peu, ils s'accoutumeront à regarder le secours en cas de maladie ou de chômage non comme provenant d'un fonds limité, préparé par leur propre prévoyance, mais comme une dette de la société.

« Ils n'admettront pas pour elle l'impossibilité de payer, et ne seront jamais contents des répartitions. L'État se verra contraint de demander sans cesse des subventions au budget. Là, rencontrant l'opposition des commissions de finances, il se trouvera engagé dans des difficultés inextricables.

« Les abus iront toujours croissant, et on en reculera le redressement d'année en année, comme c'est l'usage jusqu'à ce que vienne le jour d'une explosion.

« Mais alors on s'apercevra qu'on est réduit à compter avec une population qui ne sait plus agir par elle-même, qui attend tout d'un ministre ou d'un préfet, même la subsistance, et dont les idées sont perverties au point d'avoir perdu jusqu'à la notion du droit, de la propriété, de la liberté, et de la justice. »

On dit que beaucoup de nos hommes politiques ont recours aux services de voyantes. On peut leur recommander plutôt la lecture de Frédéric Bastiat. Mais ont-ils vraiment envie de connaître la vérité ? Sans doute préfèrent-ils s'imaginer qu'en dépit de toutes leurs erreurs et leurs lâchetés la providence saura les préserver des conséquences de leurs actes. Ou de leur inaction.

« Ça peut se discuter »

Quand nous avons créé le MLPS, bien des personnalités nous ont fait part de leur « admiration ». Celle en tous cas qu'on porte à des inconscients, pour ne pas dire des irresponsables. Malheureux ! nous disait-on, vous voulez vous attaquer à la Sécu ? Autant déplacer des montagnes ! Et de nous réciter l'habituel couplet sur l'attachement des Français à leur chère Sécu et sur les immenses malheurs des peuples qui en sont privés.

Nous ne tardâmes pas, cependant, à mesurer que notre démarche ne laissait pas les assurés sociaux indifférents. En quelques semaines en effet, nous fûmes représentés dans plus de la moitié des départements français. Chaque article que nous publiions ou qui nous était consacré nous valait des brassées d'adhésions. Nous ne nous étions donc pas trompés sur la volonté, jusque-là inexprimée, de très nombreux Français de voir s'accomplir, dans le domaine de la protection sociale, des réformes qui, tout compte fait, méritaient plutôt le nom de révolution.

En vérité, nous ne nous étions pas lancés à l'aveuglette. A la différence de bien des hommes politiques et des membres de la classe parlante, nous avions compris que la France faisait partie de l'Europe des Douze. Il n'y a là aucun mérite, direz-vous. Tout le monde est au courant ! Certes. Mais personne n'en avait tiré toutes les conséquences. Prolongeant le Traité de Rome, l'Acte unique avait décidé la création d'un grand marché intérieur où les produits et les hommes circuleraient librement. La liberté d'établissement et la libre prestation de services figuraient parmi les conséquences essentielles de cette décision historique. Il était clair, dès lors, que la France ne pourrait très longtemps maintenir des monopoles d'assurances — fussent-elles « sociales » — dans une Europe sans frontières intérieures. Encore fallait-il que les décisions fussent prises au niveau européen et précédées en France, afin de préparer le terrain à leur application, d'une campagne d'explication.

Nous n'ignorions pas que la Commission de Bruxelles préparait des directives visant à harmoniser les conditions d'accès aux activités d'assurance. Nous pouvions légitimement espérer que, contrairement aux vœux des organismes monopolistiques français, ce serait l'option de libre concurrence qui l'emporterait. Tel fut bien le cas.

Une des curiosités de l'élaboration des directives européennes est qu'elle a lieu dans le secret. Cela ne résulte pas, contrairement à ce qu'on pourrait croire, de la volonté de la Commission, mais de celle des États. Du moins de certains d'entre eux, si l'on en croit l'hebdomadaire *Courrier international*, qui, dans son édition du 8 octobre 1992, indiquait que « l'Allemagne, la Grande-Bretagne et la France n'ont pas réussi à imposer à la Commission de Bruxelles de communiquer ses projets de directives aux Douze dès leur stade initial ». « Selon le magazine, cette demande, au demeurant parfaitement légitime, a été rejetée du fait qu'elle émanait des trois pays les plus puissants de la Communauté, les neuf autres craignant de se voir imposer leurs desiderata par des pays qui disposent chacun de deux commissaires [1]. »

C'est alors que survint un événement bien intéressant. On peut penser ce qu'on veut d'Anne Sinclair, sauf qu'elle est une spécialiste des questions sociales. En ce

1. Thibaud Dornier, *En finir avec les bureaucrates européens*, Éditions Première Ligne.

soir du 15 décembre 1991, le président de la République, François Mitterrand, était l'invité de l'émission « 7 sur 7 ». Or voilà que, tout à trac, Anne Sinclair lui demande ce qu'il pense des propositions de ceux qui voudraient qu'on verse aux salariés la totalité de leur rémunération, à charge pour eux de s'assurer librement. La question, on s'en doute, n'avait rien de spontané. Si l'hôte de l'Élysée se l'était fait poser, c'est qu'il avait l'intention de délivrer un message. Point n'est besoin d'être grand clerc pour deviner lequel. Mitterrand va monter sur ses grands chevaux et nous refaire le coup des « acquis sociaux », dont il s'est institué le plus grand défenseur depuis qu'il est devenu socialiste. Pas du tout ! Retrouvant les accents doucereux qu'il avait eus pour dire un oui de rosière au journaliste d'Antenne 2 qui lui demandait, en mars 1988, s'il briguerait un second mandat, le successeur de Blum et de Jaurès [1] susurra : « Ça peut se discuter ! » Si Mme Sinclair avait compris l'immense portée de cette déclaration, elle en eût assurément laissé tomber de ses yeux ses lentilles bleu indigo. Mais rien de tel ne se passa et l'entretien continua comme si de rien n'était.

François Mitterrand venait tout simplement d'annoncer aux Français la révolution sociale qui allait se produire dans notre pays. Il avait mis à profit l'intense campagne d'opinion que nous avions entreprise en faveur du salaire direct et de la liberté d'assurance pour engager le débat qu'allaient provoquer quelques mois plus tard les directives européennes consacrées à ce sujet. On aurait pu penser que, devant ce renversement complet de la stratégie présidentielle, les hommes politiques et la classe parlante allaient se lancer dans une formidable agitation. Rien de tout cela ne survint. Nous avions pourtant publié, le lendemain de l'émission, et très largement diffusé le communiqué suivant :

« Le MLPS note avec satisfaction que ses propositions, consistant à laisser aux salariés la libre disposition de

1. Comme aime à le chanter, avec ce qu'il voudrait faire prendre pour le souffle d'un tribun, Laurent Fabius dans les réunions socialistes.

leurs cotisations sociales, ont été accueillies dans un esprit d'ouverture par M. François Mitterrand au cours de son intervention du dimanche 15 décembre 1991 à l'émission « 7 sur 7 ».

« Le chef de l'État a en effet déclaré à ce sujet : "Ça peut se discuter."

« Il est clair désormais que le président de la République fait une distinction entre la sécurité sociale, qui est l'état dans lequel doit se trouver la société, et l'institution du même nom qui a fini par devenir un obstacle aux véritables et indispensables solidarités et au développement économique de la France.

« Le MLPS se réjouit d'avoir atteint son premier objectif, qui était d'ouvrir ce grand débat devant le pays. Dans ce contexte, l'attitude de l'opposition RPR-UDF, qui a refusé à ses états généraux de Vitré de voter sur les propositions du MLPS, n'en apparaît que plus difficile à comprendre, ce qui devrait la conduire à reprendre d'urgence sa réflexion sur le sujet. »

Un trésor

Quelques semaines auparavant en effet, Jean-Pierre Pellan et moi-même avions tenté de persuader l'opposition, qui tenait colloque chez Pierre Méhaignerie à Vitré, qu'elle devait inscrire à son programme législatif, en vue des élections de mars 1993, la réforme de la protection sociale dans le sens du salaire direct et de la liberté d'assurance. Nous n'avions réussi qu'à provoquer une belle pagaille (ce qui n'était pas notre but), la grand-messe prévue en faveur du maintien d'un strict statu quo social s'étant transformée, par notre faute, en un véritable débat au terme duquel Jacques Chirac avait confié à un participant, parlant de nos propositions : « Leur système est très intelligent, mais il nous ferait perdre les élections. » Nous avions pu mesurer à Vitré le peu de cas que les partis politiques font de la démocratie, puisque les organisateurs de la réunion refusèrent qu'on votât sur nos propositions (qui eussent assurément été acceptées par les délégués, si l'on en juge par l'accueil chaleureux qu'elles avaient reçu) et jugèrent que les leurs, qui visaient à maintenir la Sécu en l'état, avaient été adoptées sans vote.

A l'issue de la réunion, de nombreux participants, tout en nous renouvelant leur approbation, nous firent part de leur crainte de voir notre pays basculer dans un système « à l'américaine ». Nous n'eûmes aucun mal à les rassurer. Car les États-Unis ne sont nullement, en matière sociale, l'exemple d'un système libéral, mais bien au contraire souffrent de maux comparables aux nôtres. Là-bas comme ici en effet, ce sont les entreprises qui « offrent » une assurance à leurs salariés. De ce fait, ces derniers ne peuvent avoir un comportement de consommateurs libres face aux compagnies d'assurances d'une part et aux structures de soins d'autre part. Simplement les États-Unis, rétifs par nature à tout ce qui peut ressembler à une emprise administrative, n'ont pas édifié une structure para-étatique, comme l'est la Sécurité sociale, pour gérer les versements des entreprises.

Quant aux fameux 35 millions d'Américains « exclus » de toute protection sociale et dont on nous rebat les oreilles, ils ne sont en réalité ni des personnes âgées (couvertes par Medicare), ni des pauvres (couverts par Medicaid), mais le plus souvent des personnes jeunes, disposant d'un emploi, et qui préfèrent prendre le risque, somme toute limité à leur âge, d'être malade plutôt que de contracter une assurance maladie. Là encore, il faut tordre le cou à un mythe. En dépit du fait que le système de soins américain est le plus cher du monde, l'assurance maladie reste tout à fait accessible.

L'envoyé spécial du journal *Le Monde* cite le cas d'un jeune chef de rang de l'hôtel Hilton de Portland (Oregon). Il explique qu'il a pris cet emploi parce que sa femme était enceinte et que l'hôtel « offre » à ses employés une couverture sociale. « Si j'étais obligé de m'assurer par mes propres moyens, dit-il, cela me coûterait 350 dollars par mois. De la folie ! Nous gagnons, ma femme et moi, environ 3 000 dollars par mois[1]. » Transposé en francs français, voici ce que cela donne. Ce chef de rang gagne avec son épouse 15 000 F par mois. Une assurance maladie lui coûterait 1 750 F par mois, soit 21 000 F par an. Examinons le cas d'un couple de salariés français qui seraient dans la même situation, c'est-à-dire gagnant à eux deux 15 000 F par mois. Leur assurance maladie à la Sécurité sociale leur coûte annuellement 35 280 F, soit 14 280 F de plus ! A ce compte, il y a des millions de salariés français qui voudraient bien pouvoir être considérés comme des « exclus » à la mode américaine et disposer chaque année de sommes supplémentaires considérables.

Or voilà qu'un mois plus tard M. Mitterrand lui-même commençait de lever le principal tabou de la société française et acceptait d'en « discuter ».

Le chef de l'État fut assurément déçu de l'absence totale de réactions — à l'exception de la nôtre — à sa déclaration. Il considéra que le débat n'était pas mûr et n'en reparla plus. Peu après, une de mes relations, dont j'ignorais qu'il en était une aussi du ministre de l'économie de l'époque, me dit : « Vous devriez voir Bérégovoy. Vos idées l'intéressent. » Nous avions ainsi confirmation que les socialistes au pouvoir avaient parfaitement intégré la nécessité de la révolution sociale qui s'annonçait. Il n'est d'ailleurs pas très difficile de comprendre pourquoi. Les menaces s'accumulaient sur la situation économique de l'Europe — et naturellement de la France —, bardée de coûts sociaux et de rigidités administratives qui la handicapaient gravement dans l'impitoyable compétition économique mondiale. De plus, les socialistes, après les folies commises dans les années qui suivirent immédiatement l'installation de François Mitterrand à l'Élysée, avaient dû instituer une politique d'austérité qui pénalisait fortement leur électorat. A celui-ci, il fallait absolument donner « du grain à moudre », pour reprendre l'expression d'André Bergeron.

Or il n'y avait, en raison de la concurrence internatio-

1. *Le Monde,* 29 octobre 1992.

nale, aucune marge de manœuvre économique. En revanche, la France dormait à côté d'un véritable trésor social de près de 2 000 milliards de francs, qui, mieux utilisé, redonnerait aux salariés — et aux autres — le pouvoir d'achat qui leur faisait si cruellement défaut, aux socialistes la possibilité d'échapper à une défaite d'ores et déjà certaine aux législatives de 1993, et à François Mitterrand la possibilité de terminer son deuxième septennat sans avoir à supporter les désagréments d'une deuxième cohabitation. Mais faute d'avoir eu le courage d'en parler à temps et d'y avoir préparé l'opinion de leurs électeurs, les socialistes — ou du moins ceux qui, ayant acquis une culture de gouvernement, mesuraient mieux le poids des réalités — renoncèrent à aller plus loin dans le débat.

Instabilité politique

Une grande occasion de progrès a ainsi été perdue. L'opposition de l'époque, devenue majorité en 1993, en est la principale responsable. C'est elle qui, doctrinalement, aurait dû adopter le principe de ce changement social et saisir l'extraordinaire occasion que lui offrait M. Mitterrand de le faire aboutir sans drame.

On mesure, en analysant cette attitude, le grave problème qui se pose à la droite en France et on comprend les raisons de ses échecs passés et à venir. Les formations politiques de la droite traditionnelle (qu'on appelle les « partis de gouvernement ») n'ont jamais osé se doter d'un véritable programme de réforme sociale, pensant que c'est l'os à ronger qu'il faut laisser aux syndicats pour assurer la paix dans les entreprises. Or l'accroissement continu des dépenses de redistribution a fini par vicier tout le fonctionnement économique du pays, affaiblissant celui-ci comme un cancer ronge l'organisme. De ce fait, les améliorations traditionnellement apportées par une gestion de droite — réputée « remplir les caisses » — ne peuvent plus se produire, et les électeurs, ne sachant plus à quel saint se vouer, se détournent à nouveau de ceux en qui ils avaient placé leurs espoirs.

Il en résulte une instabilité politique qui fait s'arracher les cheveux aux responsables des partis, alors qu'il leur suffirait de réfléchir cinq minutes et de faire un effort de lucidité pour découvrir la cause de leurs malheurs. Lesquels ne nous feraient pas verser une larme si d'autres formations politiques naissaient, tirant, quant à elles, la leçon de ces échecs et se dotant d'un programme enfin adapté aux indispensables évolutions de l'économie et de la société. Malheureusement ce n'est pas le cas. Et on peut craindre qu'il ne faille attendre encore longtemps l'émergence d'une force politique digne d'un pays moderne. En attendant, nous irons de scandales financiers en spasmes sociaux, qui traduiront, bien plus que la malhonnêteté généralisée des milieux de décision ou l'injustice des sacrifices imposés aux uns par rapport aux autres, l'incapacité des élites françaises — toutes tendances confondues — à assumer leur responsabilité traditionnelle et historique qui consiste à conduire la société au milieu des périls.

Directives

Le 11 août 1992, le Journal officiel des Communautés européennes publia une « directive 92/49 CEE du Conseil du 18 juin 1992, portant coordination des dispositions législatives, règlementaires et administratives concernant l'assurance directe autre que l'assurance sur la vie et modifiant les directives 73/239/CEE et 88/357/CEE (troisième directive "assurance non vie"). »

Puis, le 9 décembre 1992, le Journal officiel des Communautés européennes publia une « directive 92/96/CEE du Conseil du 10 novembre 1992, portant coordination des dispositions législatives, règlementaires et administratives concernant l'assurance directe sur la vie, et modifiant les directives 79/267/CEE et 90/619/CEE (troisième directive assurance vie). »

On imagine mal style moins révolutionnaire que celui-là. Pourtant ces textes d'accès parfois difficile et de lecture peu aisée, en raison des innombrables renvois à des directives antérieures, apportent à l'Europe le plus grand et le plus salutaire des bouleversements depuis un demi-siècle. Se donnant pour but « d'achever le marché intérieur sous le double aspect de la liberté d'établissement et de la libre prestation de services » et d'instituer « la possibilité pour tout assureur dûment agréé de couvrir n'importe quel risque », ils décident, « à cette fin, de supprimer tout monopole ». La date d'entrée en vigueur de ces directives était fixée au 1er juillet 1994 (sauf pour quelques pays qui avaient demandé et obtenu un délai un peu plus long).

Il était donc clair qu'au 1er juillet 1994 la Sécu aurait perdu son monopole, et que tout salarié pourrait exiger de son employeur qu'il lui verse la totalité de sa rémunération, charges patronales d'assurance maladie et vieillesse incluses, et s'assurer où bon lui semblerait.

La particularité des directives européennes est qu'elles doivent être transcrites dans le droit national, mais qu'en l'absence de transcription ou en cas de transcription non conforme (les États n'ont en effet qu'une latitude très réduite dans ce domaine), elles s'appliquent telles quelles et priment en toutes circonstances le droit national.

La révolution du 1er juillet 1994 était donc d'ores et déjà acquise. Le MLPS avait le choix entre deux stratégies. Ou bien nous clamions urbi et orbi la venue de ces textes miraculeux, avec le risque de provoquer des remous politiques et sociaux considérables, en raison de l'impréparation des pouvoirs publics et surtout de l'opinion à ces bouleversements. Ou bien nous attendions leur date d'entrée en vigueur en multipliant les articles de presse, les réunions, les conférences, afin de mettre en évidence les effets terriblement néfastes pour la société française du monopole de la Sécu, et l'intérêt de son abrogation.

C'est la deuxième solution que nous adoptâmes. Les nombreux articles de presse que nous avons publiés au cours de cette période eurent un retentissement certain, même s'ils suscitaient encore beaucoup d'incrédulité quant à l'aboutissement des réformes que nous proposions. Nos lecteurs ne pouvaient savoir en effet que l'issue était très proche.

La tête dans le sable

C'est ainsi que nous arrivâmes au 1er juillet 1994. Estimant qu'il appartenait au gouvernement de faire l'annonce des nouvelles dispositions sociales, qu'en bon élève de la classe européenne il avait consciencieusement transcrites dans le droit national, nous prîmes son attache pour savoir quelle forme il entendait donner à cette annonce. La réponse fut des plus claires : aucune. « Vous voulez donc provoquer une nouvelle manifestation Falloux ? » nous répondit-il, faisant référence aux protestations de rue des partisans de l'école publique.

Nous décidâmes donc de faire l'annonce nous-mêmes. Elle prit la forme d'une longue interview à *Minute*, le 29 juin 1994, et d'un article que je signai dans *Le Figaro*, le lendemain.

Au gouvernement, ce fut l'affolement. Le ministère des affaires sociales s'empressa de publier un communiqué courageusement anonyme où il était dit que « l'entrée en vigueur des directives européennes du 18 juin 1992 et du 10 novembre 1992 n'a nullement pour effet de supprimer le caractère obligatoire des régimes de sécurité sociale, tant en assurance vieillesse qu'en assurance maladie. » Ben voyons !

Mais pour une fois le plus intéressant se passait à l'Assemblée nationale. Devant l'émotion provoquée par l'annonce de la fin du monopole de la Sécu, le premier ministre, Édouard Balladur, monta personnellement au créneau. Mais au lieu de nier l'événement, comme le ministère des affaires sociales, il déclara qu'il ferait dorénavant en sorte que « le conseil des ministres de l'Union européenne ne délibère plus sur des projets de directives qu'après qu'ils auront été examinés par la délégation de l'Assemblée nationale pour l'Union européenne [1] ». Autrement dit, pour ces directives-là, c'était un coup parti et l'on n'y pouvait plus rien, mais pour les autres à venir, foi de Balladur, on verrait ce qu'on verrait si ces enfoirés d'Européens s'avisaient de prendre des décisions sans demander la permission à la France. Laquelle — la presse oublia soigneusement de l'indiquer — ne s'était nullement opposée aux directives dont il est question et n'avait pas davantage demandé de délai d'application, comme l'avait fait l'Allemagne jusqu'en 1996.

L'aveu était patent. Mais la presse et tous les monopolistes que compte la France — et Dieu sait s'ils sont nombreux — préférèrent se rassurer avec le communiqué du ministère des affaires sociales et enfouirent un peu plus profondément leur tête dans le sable.

Elles l'ont encore à l'heure où nous écrivons. Mais, outre qu'elle est ridicule, cette position est intenable. Chacun a compris que le gouvernement n'a qu'une obsession : tenir jusqu'aux présidentielles sans faire de vagues. Mais pendant ce temps les contentieux s'accumulent. Des assurés sociaux de plus en plus nombreux, surtout dans les professions indépendantes et chez les agriculteurs, refusent de payer leurs cotisations sociales. Des tribunaux posent des questions préjudicielles à la Cour de justice des Communautés européennes de Luxembourg afin de lui faire préciser les stipulations des directives. Les élus sont l'objet de pressions de plus en plus insistantes de tous ceux que nos amis et nous avons informés. A l'occasion du débat qui s'est tenu à l'Assemblée nationale à la mi-novembre 1994, nous avons adressé à tous les députés une lettre où nous écrivions notamment :

« Depuis le 1er juillet 1994, deux directives européennes sont entrées en vigueur, abrogeant tout monopole en matière d'assurance.

« Ces deux directives ont été transcrites dans le droit

---

1. *Le Monde*, 1er juillet 1994.

français par les lois d'État du 4 janvier 1994 et du 8 août 1994.

« Or, au lieu d'informer les Français de leurs nouveaux droits, le gouvernement tente de leur faire croire que les directives européennes ne concernent pas la Sécurité sociale, mais seulement les assurances complémentaires.

« Si tel était le cas, il faudrait en conclure que le Conseil des Communautés européennes a élaboré et publié des directives afin de supprimer des monopoles... qui n'existent pas !

« Dans le même temps, les déficits sociaux s'accumulent. Au rythme actuellement atteint, vous serez contraint de voter chaque année une augmentation de un et demi à deux points de la CSG ! Est-ce la bonne façon de relancer la consommation, donc la croissance, et de réduire le chômage ? Assurément pas.

« Seule la mise en concurrence de la Sécurité sociale avec les compagnies d'assurances, les institutions de prévoyance et les mutuelles peut amener une meilleure gestion de ce secteur et une responsabilisation de tous les intervenants, qu'ils soient acteurs ou consommateurs. C'est précisément la raison d'être des directives européennes. (...)

« Il n'y a pas lieu de faire de ces directives l'occasion d'un affrontement politique, puisque aussi bien elles ont été approuvées par un gouvernement socialiste et transcrites en droit interne par un gouvernement RPR-UDF, sous l'autorité du même président de la République, M. François Mitterrand.

« Nous attendons donc de vous, Monsieur le député, les initiatives nécessaires pour que soient portés à la connaissance des Français les nouveaux droits qui sont les leurs en matière de protection sociale, et facilitées les démarches que chacun d'eux a désormais le droit d'entreprendre pour les faire valoir. »

Et pendant que Simone Veil continuait de nier stupidement l'évidence, prétendant, dans sa réponse à un parlementaire, que « les directives ne visent que la protection facultative et ont pour objet d'apporter plus de sécurité et de transparence dans les systèmes ainsi mis en place[1] », Édouard Balladur choisissait l'occasion d'un important article donné au journal *Le Monde* pour apporter à notre interpellation une réponse peut-être encore un peu allusive, mais pour nous parfaitement claire. « Il est légitime, écrit le premier ministre, que la notion et le rôle de l'État en France évoluent du fait d'un approfondissement de la coopération européenne d'une part et du développement des libertés locales et sociales de l'autre[2]. »

Libertés sociales ! Le grand mot est lâché ! En quoi peuvent-elles donc consister, si ce n'est en la faculté, désormais légale, de choisir son assureur pour la maladie et la vieillesse ? Et puis M. Balladur a fort bien compris que le gouvernement ne pourrait plus très longtemps se taire quand lui sera posée, avec chaque jour un peu plus d'insistance, puis bientôt de colère, la question suivante : puisque, selon vous, les directives européennes ne concernent pas la Sécurité sociale, qu'elles ont toutefois décidé la suppression de tout monopole en matière d'assurance, et que le seul monopole existant dans ce domaine est celui de la Sécu, quel est donc le monopole qu'elles suppriment ?

L'aveu clair et formel ne peut plus être différé bien longtemps. Mais le spectacle d'un gouvernement qui ment aux citoyens est lamentable et inacceptable. Il ne contribuera pas à améliorer l'image des hommes politiques dans l'opinion qui n'avait vraiment pas besoin d'une démonstration supplémentaire de leur impéritie.

---

1. *Journal officiel*, Débats parlementaires, 16 novembre 1994, page 6901.
2. *Le Monde*, 17 novembre 1994.

ÉPITAPHE

La Sécu est donc morte, même si son cadavre bouge encore.

Elle est morte car, même si les directives européennes n'édictent pas sa suppression, mais uniquemment sa mise en concurrence, elle ne pourra résister à cette dernière.

Peut-être subsistera-t-il quelque chose qu'on appellera Sécurité sociale, mais ce ne sera plus la Sécu.

Ce monstre n'avait pu atteindre ses gigantesques dimensions et sa formidable capacité de nuisance que parce qu'il avait le droit de vaine pâture sur le pays tout entier. Pas un champ n'était à l'abri de ses incursions, de ses ravages. Vous n'aviez pas planté votre premier arbrisseau que la Sécu se précipitait, en arrachait les racines et les engouffrait dans son mufle hideux.

Que de témoignages ai-je recueillis de Français désespérés parce qu'ils venaient de créer une petite entreprise — la plupart du temps pour échapper au chômage — et que la Sécu se jetait aussitôt sur eux en exigeant des cotisations immédiates à tous ses régimes, alors même que l'entreprise n'avait pas encore gagné son premier centime !

Pour aimer la Sécu, il fallait être pourvu d'un emploi protégé, c'est-à-dire, dans le monde actuel, être riche. Tendre aux riches, dure aux pauvres, la Sécu était à l'image de tous les tyrans qui ont torturé la planète. Et comme toutes les tyrannies, la sienne s'est achevée d'un coup de poignard porté par surprise.

Je ne verserai pas une larme sur le monstre défunt. Si je dois pleurer, que ce soit sur ses innombrables victimes. Petits entrepreneurs ruinés par ses soins et conduits au suicide, jeunes au chômage parce que les entreprises leur verseraient aisément un salaire si celui-ci n'était augmenté de charges sociales insupportables, exclus en tout genre d'une société d'assurés sociaux égoïstes, nouveaux pauvres que la Sécu ne protège pas parce qu'elle est réservée aux nantis d'un emploi, oui les voilà ceux qui devraient être les bénéficiaires de cette fameuse « solidarité » dont se flattent tant les princes de la Sécu pour justifier leurs privilèges.

« Solidarité, mon cul », aurait dit Zazie.

C'est à partir de maintenant que la France va commencer à revivre. L'esprit d'entreprise va pouvoir enfin renaître dans ce pays enserré de liens et humilié par une troupe de nains rapaces.

La France peut être fière de son passé glorieux. Elle n'éprouvera que honte d'avoir créé et abrité pendant un demi-siècle une institution maléfique comme la Sécu. Il y a des périodes noires dans l'histoire des peuples. Celle qui vient de s'achever en est une.

Quand ils parlent de la Sécu, même ses plus ardents détracteurs prennent des précautions oratoires, insistant sur les services qu'elle aurait rendus à de malheureux malades qui, sans elle, n'auraient pu se faire soigner. Foutaises ! La Sécu a rendu faibles les esprits les plus forts. Frédéric Bastiat a démontré il y déjà un siècle et demi que la seule méthode d'analyse d'une action économique ou sociale consiste à mettre en balance « ce qui se voit et ce qui ne se voit pas ». On voit l'argent que l'État est censé vous donner, on ne voit pas la rapine qui le lui a procuré. On voit les « secours » distribués, on ne voit pas l'argent dérobé qui aurait permis aux assistés de ne jamais le devenir. On voit les soins remboursés aux assurés, on ne voit pas les sommes qu'ils auraient pu, sans les prélèvements de la Sécu, gagner et investir, créant ainsi une prospérité qui eût permis à tous et non à certains seulement de se soigner.

La révolution fiscale californienne s'est appuyée sur une injonction simple et forte adressée aux hommes de l'État : « Descendez de mon dos et ôtez votre main de ma poche ! »

Peu de Français ont osé crier la même chose à la Sécu. C'est pour cela qu'elle s'est engraissée impunément aux dépens du pays.

Mais le pire ravage a été celui des mentalités. La France, à cause de la Sécu, a perdu le goût du risque et de l'effort. Elle va le retrouver. Nous avons une jeunesse belle et forte qui ne demande qu'à entreprendre et travailler. C'est à elle que j'ai dédié ce livre. Mon combat, celui de mes amis, n'a jamais eu d'autre fondement que l'amour de la vie et de la liberté. Au moment où l'une et l'autre triomphent, ne boudons pas notre joie.

TABLE DES MATIÈRES

Ce volume
le deuxième
de la collection « Témoignages et documents »
publié aux Éditions Les Belles Lettres
a été composé
par Nord Compo
et achevé d'imprimer
le 7 décembre 1995
dans les ateliers
de Normandie Roto Impression s.a.
61250 Lonrai

N° d'éditeur : 3204
N° d'imprimeur : I5-2419
Dépôt légal : mars 1995